数字新媒体营销产教融合型系列教材

跨境电商

KUAJING DIANSHANG

主编 沈向东 沙 飞

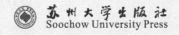

图书在版编目(CIP)数据

跨境电商/沈向东,沙飞主编. --苏州:苏州大学出版社,2024.9. --(数字新媒体营销产教融合型系列教材). -- ISBN 978-7-5672-4914-1

Ⅰ.F713.365.2

中国国家版本馆 CIP 数据核字第 2024H91U21 号

书　　名:	跨境电商
主　　编:	沈向东　沙　飞
责任编辑:	史创新
助理编辑:	王秀秀
封面设计:	刘　俊

出版发行:	苏州大学出版社(Soochow University Press)
社　　址:	苏州市十梓街1号　邮编:215006
印　　装:	苏州市古得堡数码印刷有限公司
网　　址:	www.sudapress.com
邮　　箱:	sdcbs@suda.edu.cn
邮购热线:	0512-67480030
销售热线:	0512-67481020

开　　本:	787 mm×1 092 mm　1/16　印张:12.50　字数:266 千
版　　次:	2024 年 9 月第 1 版
印　　次:	2024 年 9 月第 1 次印刷
书　　号:	ISBN 978-7-5672-4914-1
定　　价:	38.00 元

凡购本社图书发现印装错误,请与本社联系调换。服务热线:0512-67481020

数字新媒体营销产教融合型系列教材编委会

主　　任　徐惠钢

副 主 任　许广举　施　杨

编　　委　梁柏松　胡朝斌　尹自强

　　　　　田　林　杨　帅　蔡瑞林

　　　　　林志明　沈向东　施晓岚

　　　　　徐金龙

前 言

作为一门应用学科,跨境电商受到越来越多行业和企业的重视。随着我国电商的稳定持续增长,学术界更加关注跨境电商的原理、方法、应用场景和前沿理论。一些学者推出了不同版本的跨境电商教材,以满足高校经济类和工商管理类人才培养需求。认真梳理现有教材,可以发现以下特点:一是内容多而全,但没有很好地体现不同类别高校产教融合发展的需求;二是教材厚而沉,没有较好地适应融媒体知识技能传播的趋势。对此,我们主要针对地方应用型高校人才进行教材的开发,并突出以下特点。

一是强化案例教学。本教材配备较多的跨境电商案例,案例内容涵盖国内外跨境电商企业,特别注重选用一些近年来有代表性的、较新颖的跨境电商案例。在案例形式和编排上,注重多样性,这不仅有助于学生对知识的理解,还可以活跃学生的思维。

二是注重应用能力。围绕"立德树人"的培养目标,每章提出了知识目标、能力目标和素质目标。每章开头提供"引导案例",案例不仅体现每章教学主题的行业动态,还引导学生加深对每章教学主题的认识。每章后面提供"跨境电商训练营",既列出了主要知识点,又通过任务驱动式案例,增强学生对跨境电商实践的感知能力和操作能力。

三是注重产教融合。本教材主要选择跨境电商行业背景,这是由于学生日常生活与该行业有所联系,具有感性认识,方便学生理解。同时,本书的编写也得到了苏州黑马网络科技有限公司在跨境电商案例、实际操作内容等方面的大力支持,体现了教材的产教融合特色。

四是体现时代特征。本教材运用跨境电商领域最新的研究成果,选编第一手资料,强化了教材的科学性、前沿性和实践性。针对数字经济时代对营销活动的深度变革,教材探讨了价值驱动下的营销范式,选编了"一带一路"沿线跨境电商发展情况和未来发展趋势等内容,强化了教材的时代性。

本教材由常熟理工学院商学院和苏州黑马网络科技有限公司共同编写。本书由沈向东、沙飞担任主编，姜友林、张海担任副主编，具体分工如下：姜友林编写第1章、第2章、第3章、第4章、第5章，张海负责第6章、第7章、第8章、第9章，沈向东负责第10章、第11章、第12章、第13章，沙飞负责全部案例选编，沈向东、沙飞负责审阅和校对。本教材参考了国内外同行的大量文献资料及同类教材，引用了一些专家和同行的观点，由于篇幅所限，未能一一列出，在此深表感谢和歉意。

　　由于编者水平有限，加之编写时间仓促，书中难免有欠妥或疏漏之处，恳请广大读者指正。

编者
2024年3月

目 录

- 第1章 跨境电商概论 / 1
  - 1.1 跨境电商的定义 / 3
  - 1.2 传统外贸与跨境电商的不同 / 7
  - 1.3 跨境电商的发展历程与发展方向 / 10
  - 本章小结 / 12
  - 跨境电商训练营 / 13

- 第2章 亚马逊跨境电商平台 / 15
  - 2.1 在亚马逊注册开店的三种途径 / 18
  - 2.2 亚马逊详情介绍 / 20
  - 2.3 亚马逊的A-to-Z / 28
  - 本章小结 / 30
  - 跨境电商训练营 / 31

- 第3章 全球速卖通跨境电商平台 / 33
  - 3.1 如何在全球速卖通开店 / 34
  - 3.2 全球速卖通详情介绍 / 35
  - 3.3 全球速卖通相关规则 / 37
  - 本章小结 / 42
  - 跨境电商训练营 / 42

- 第4章 苏州黑马跨境电商平台 / 44
  - 4.1 如何享有跨境电商一站式服务 / 47
  - 4.2 苏州黑马网络科技有限公司简介 / 50
  - 4.3 苏州黑马跨境电商平台主要规则 / 51
  - 本章小结 / 56
  - 跨境电商训练营 / 56

- 第5章 跨境电商中的AI翻译应用 / 58
  - 5.1 AI翻译人类自然语言的三种主要方法 / 60
  - 5.2 页面在线智能翻译及其功能支持 / 63
  - 5.3 智能翻译机及其功能支持 / 64
  - 5.4 智能翻译其他衍生品及其功能支持 / 65
  - 本章小结 / 66
  - 跨境电商训练营 / 66

- 第6章 跨境电商采购 / 70
  - 6.1 跨境电商选品的标准和依据 / 71
  - 6.2 确定选品的渠道 / 76
  - 6.3 不同平台的选品原则 / 80
  - 6.4 跨境电商选品需要注意的问题 / 83
  - 本章小结 / 84
  - 跨境电商训练营 / 84

- 第7章 跨境电商仓储 / 86
  - 7.1 规范仓储空间 / 87
  - 7.2 明确商品信息 / 89
  - 7.3 管理流程 / 90
  - 本章小结 / 92
  - 跨境电商训练营 / 93

- 第8章 跨境电商海外仓 / 95
  - 8.1 海外仓对跨境电商的意义 / 96
  - 8.2 海外仓的类型 / 97
  - 8.3 海外仓的费用结构 / 99
  - 8.4 海外仓技术 / 100
  - 8.5 海外仓产品规则 / 101
  - 本章小结 / 105
  - 跨境电商训练营 / 105

- 第9章 跨境电商支付 / 107
  - 9.1 跨境电商常用的支付方式 / 109
  - 9.2 支付方式的选择 / 112
  - 本章小结 / 113
  - 跨境电商训练营 / 113

目录

第10章 跨境电商物流 / 115
- 10.1 跨境电商物流的特点 / 117
- 10.2 国际物流运输方式 / 118
- 10.3 跨境电商物流服务模式 / 121
- 10.4 跨境电商物流服务模式创新 / 126
- 本章小结 / 129
- 跨境电商训练营 / 129

第11章 跨境电商进口 / 132
- 11.1 跨境进口的两大驱动力 / 135
- 11.2 跨境电商进口的主流模式 / 136
- 11.3 跨境电商进口清关的三种模式 / 140
- 11.4 跨境电商实现进口通关的便利化 / 141
- 本章小结 / 144
- 跨境电商训练营 / 144

第12章 跨境电商出口 / 149
- 12.1 跨境电商出口的业务流程 / 152
- 12.2 跨境电商出口的商业模式 / 155
- 12.3 跨境电商出口的监管模式 / 161
- 12.4 我国跨境电商出口的发展现状与趋势 / 164
- 本章小结 / 169
- 跨境电商训练营 / 170

第13章 "丝路电商"发展与机遇 / 173
- 13.1 "丝路电商"发展情况 / 176
- 13.2 "丝路电商"发展趋势和变化 / 179
- 13.3 "丝路电商"发展对策建议 / 182
- 本章小结 / 185
- 跨境电商训练营 / 186

参考文献 / 189

第 1 章 跨境电商概论

【学习目标】

知识目标

- 理解跨境电商的内涵。
- 掌握跨境电商的类型及其发展历程。
- 能够解释传统外贸与跨境电商的不同。

能力目标

- 树立应用跨境电商知识、技能分析和解决问题的意识。
- 能够比较不同跨境电商类型的异同。
- 能够结合跨境电商的内涵,理解跨境电商发展方向。

素质目标

- 增强学生的"四个自信",强化对社会主义市场经济体制的理解。
- 帮助学生理解跨境电商在新时代的作用,拓宽学生的国际视野。
- 认识在经济融合发展和经济全球化趋势中,竞争不是"零和博弈",而是互利双赢。

【引导案例】

波司登开展品牌服装跨境电商出口:打开国际市场新机遇

波司登集团(以下简称"波司登")总部位于江苏省常熟市古里镇白茆波司登工业园,创始于 1976 年,公司专注于羽绒服的研发、设计、制作。多年来,波司登在羽绒、面料、工艺、版型等方面不断创新,羽绒服品质和保暖性广受国内外顾客的好评。波司登羽绒服畅销美国、法国、意大利等 72 个国家/地区。波司登如今成为以羽绒服为主的多品牌综合服装经营集团，现有常熟波司登、高邮波司登、江苏雪中飞、山东康博、徐州波司登、泗洪波司登六大生产基地。

2007年10月，集团下属波司登国际控股有限公司于香港主板成功上市。波司登积极贯彻国际标准，建立世界品牌。

在一个全球互联的时代，跨境电商成为品牌产品出口的新趋势。波司登羽绒服品牌服装选择通过电商平台将自己的服装产品推向国际市场。这种新的销售模式不仅能够扩大品牌影响力，还能够迅速占领国际市场份额。波司登开展品牌服装跨境电商出口的理念和市场推广策略是怎么样的呢？下面进行简析。

1. 品牌国际市场化是跨境电商出口品牌服装成功的关键

公司管理层认为，品牌国际市场化是跨境电商出口品牌服装的重要理念。一方面，品牌国际市场化能够提升品牌在全球市场中的知名度和认可度，有助于提高产品销量。另一方面，品牌国际市场化还可以塑造品牌形象和文化，吸引更多目标消费者的关注。

在跨境电商出口品牌服装中，品牌国际市场化的关键点包括以下几个方面：

① 产品独特性。在国际市场中，与众多品牌竞争，唯有产品具有独特性才能吸引消费者的眼球。品牌应注重设计和创新，使自己的产品与众不同，从而赢得更多口碑和销售机会。

② 品牌有故事。品牌故事是传递品牌价值和文化的重要方式。通过讲述品牌故事，品牌可以引起消费者的共鸣和情感共振，提高品牌认可度。品牌故事要真实、有趣、具有感染力，能够让消费者愿意与品牌产生情感联系。

③ 社会化媒体营销。现代社会，公众观念、态度和行为的重要性越来越突出，社会化媒体成为品牌市场化不可或缺的渠道。品牌应充分利用各大社交媒体平台，与消费者进行互动，建立良好的品牌形象。通过发布有趣、有用的内容，品牌可以吸引更多粉丝并提升影响力。

④ 用户体验感。企业通常讲要以消费者为中心，可是如何体现出这一理念？公司管理层认为必须利用现代高科技，建立产品国际体验中心，让用户身临其境，体验品牌的建设历程、产品的材料特色、产品的生产过程等，从而获得轻松愉快的购物体验。

2. 国际市场品牌推广是跨境电商出口品牌服装的核心策略

公司只有通过有效的国际市场推广，才可以扩大品牌知名度，吸引更多的海外消费者。以下是公司开展国际市场推广的主要手段。

① 搜索引擎优化（SEO）。通过优化网站和内容，公司使品牌在搜索引擎中排名靠前，提高品牌曝光率和网站流量。品牌应注重关键词的选择和使用，提供有价值的内容，吸引消费者点击和阅读。

② 社会化媒体广告。品牌可以通过在社会化媒体平台上投放广告，将品牌信息传达给更多的潜在消费者。在投放广告时，品牌应针对不同国家和地区的消费者特点和文

化差异进行精细化定位,以提高广告的点击率和转化率。

③ 与 KOL(关键意见领袖)合作。选择与有影响力的 KOL 合作是迅速扩大品牌影响力的一种方式。通过与 KOL 合作,品牌可以借助其粉丝基础和影响力,将品牌信息传播给更广泛的受众。打造符合高端化定位的消费场景,向全球展现波司登品牌升级的阶段性成果。

④ 建立全球体验中心。全球体验中心除了展示最全最新的产品外,还设置了极地环境体验。消费者可以穿着专业的波司登羽绒服,沉浸式地感受科考人员征服极寒雨雪环境,从而体验波司登羽绒服的御寒能力和超强防风防雨的科技品质。相比单纯卖货的门店,全球体验中心则更像是一个超大的羽绒服科技中心,增添了会员体验,也正好迎合当下消费升级的大趋势。

(资料来源:根据波司登公司官网和公司报告整理编写)

【案例思考】

1. 波司登开展跨境电商,在前期的品牌国际化方面有哪些运营活动?
2. 波司登开展跨境电商,进行国际市场品牌推广的策略是什么?
3. 波司登的产品独特性是什么?
4. 波司登品牌故事有哪些?
5. 波司登进行社会化媒体营销,具体有哪些媒体?
6. 全球体验中心有哪些功能性作用?

1.1 跨境电商的定义

1.1.1 商务的定义

商务(Commerce),不论国内国外,自古有之。早期的商务主要以简单的物物交换的形式存在,随着时间的推演,特别是国家的建立和货币的出现,逐步发展成以货币为媒介的商品交换形式。进入现代工商业文明社会后,西方学术界开始尝试对"商务"进行界定,目前没有统一标准的定义。学术界提出了两个角度的定义,广义概念上"商务"是指一切与买卖商品服务相关的商业事务,狭义概念上是指商业或贸易。商业是以买卖方式使商品流通的经济活动,也指组织商品流通的国民经济部门;贸易是买卖或交易行为的总称,通常指以货币为媒介的一切交换活动或行为,也可以是物物贸易形式。商务可以理解为一个名词,一定程度上也可以理解为一个动词,如商务活动中的"商务"是指企业为实现生产经营目的而从事的各类有关资源、知识、信息交易等活动的总称。

现代学术界认为,商务活动通常伴随着商流、物流、资金流和信息流。所谓商流,是一种买卖或者说是一种交易活动过程,通过商流活动发生商品所有权的转移。商流是物流、资金流和信息流的起点和前提,一般情况下,没有商流就不太可能发生物流、资金流和信息流。物流,作为"四流"中最为特殊的一种,是指物质实体(商品)的流动过程,具体指运输、储存、配送、装卸、包装、保管、物流信息管理等各种活动。信息流是商务活动中信息的传递和转移,既包括商品信息的提供、促销营销、技术支持、售后服务等内容,也包括诸如询价单、报价单、付款通知单、转账通知单等商业贸易单证,还包括交易方的支付能力、支付信誉、中介信誉等。资金流主要是指资金的转移过程,包括付款、转账、兑换等。这"四流"构成了一个完整的流通过程。"四流"互相依存,密不可分,相互作用,既独立存在,又是一个组合体。将商流、物流、资金流和信息流作为一个整体来考虑和对待,会产生更大的能量,创造更大的经济效益。

1.1.2 电商的定义

随着社会经济的发展、科技的进步,特别是计算机技术、通信技术和网络技术的共同发展和进步,商务不断革新,电商(Electronic Commerce)成为新型的商务形式。电商是指以信息网络技术为手段,以商品交换为中心的商务活动,也可简单理解为在互联网、企业内部网和增值网上以电子交易方式进行的交易活动和相关服务的活动。

电商是一种新型的商务形式,涉及很多的主体,除了买家、卖家,还要有银行或金融机构、政府机构、认证机构、配送中心等的加入才行。由于参与电商中的各方是互不谋面的,因此整个电商过程并不是物理世界商务活动的翻版,网上银行、在线电子支付等条件和数据加密、电子签名等技术在电商中发挥着重要且不可或缺的作用。

从现代数据、数字经济的观念来讲,电商的实质就是一个全球化的跨时间空间的ERP(Enterprise Resource Planning,企业资源计划)系统,不同身份的主体在一个系统上进行操作,共享信息、资源和运作。

1.1.3 跨境电商的定义

在以上对商务进行综述的基础上,可以对跨境电商(Cross-border E-commerce)进行定义。早期,通常是按照广义和狭义的角度给出跨境电商定义的。从广义上看,跨境电商是指分属不同关境的交易主体,通过电商平台达成交易,进行电子支付结算,并通过跨境电商物流及异地仓储送达商品,从而完成交易的一种国际商业活动。简单来说,跨境电商就是指商品在不同的国家(地区)之间进行的电商交易活动。从狭义上看,跨境电商基本等同于跨境零售,指的是分属不同关境的交易主体,借助计算机网络达成交易,进行支付结算,并采用快件、小包等方式,通过跨境物流将商品送达消费者手中的交易过程。

而现代，出现了新型简明的跨境电商定义。跨境电商指国际不同关境买家和卖家通过互联网技术和平台，进行商品和服务的线上交易、在线电子支付以及国际物流配送等一系列的商业活动。换句话说，它是一种涵盖了商品贸易、服务贸易和知识产权交易的新型贸易模式。

准确理解跨境电商的定义，需要理解跨境电商的交易主体和电商的一些特征。

在跨境电商的业务过程中，涉及的业务主体除了买卖双方外，还有跨境电商平台和平台服务公司、负责支付方面的主体如银行或者第三方支付机构、负责物流运输的主体如物流运输公司等、负责货物保险的主体如保险公司，以及负责跨境电商交易业务监管的政府部门如海关、税务、外汇管理及商品检验检疫等部门。

需要注意的是，跨境电商的买卖双方必须分别隶属于不同的国家（地区）关境。关境是"海关境界"的简称，是执行统一海关法令的领土范围。在通常情况下，关境与国境是一致的。而有些国家和地区关境与国境并不完全一致，如一国境内有自由港或自由区，自由港和自由区不属于该国关境范围，此时关境小于国境；而在缔结关税同盟的国家，它们的领土成为统一的关境。

1.1.4 跨境电商的特点

跨境电商的特征，主要体现在以下各方面。

1. 全球性交易

网络是一个没有边界的媒介体，具有全球性和非中心化的特征，依附于网络发生的跨境电商也因此具有了全球性和非中心化的特性。电商与传统的交易方式相比，其一个重要特点在于电商是一种无边界交易，超越了传统交易所具有的地理空间限制因素。互联网用户不需要考虑跨越国界就可以把产品尤其是高附加值产品和服务提交到市场。网络的全球性特征带来的积极影响是信息的最大程度的共享，消极影响是用户必须面临因文化、政治和法律的不同而产生的风险。任何人只要具备了一定的技术手段，在任何时候、任何地方都可以让信息进入网络，通过网络相互联系并进行交易。

2. 快捷性交易

对于网络而言，传输的速度和地理距离几乎无关。传统交易模式的信息交流方式如信函、电报、传真等，在信息的发送与接收间，存在着长短不同的时间差。而跨境电商中的信息交流，无论实际距离有多远，一方发送信息与另一方接收信息几乎是同时的，就如同生活中面对面交谈。某些数字化产品如数字音像、软件等的交易，还可以即时清结，订货、付款、交货都可以在瞬间完成。

3. 数字化交易

跨境电商是数字化传输活动的一种特殊形式。数字化传输通过不同类型的媒介，如数据、声音和图像,在全球化网络环境中集中进行。这些媒介在网络中以计算机数据代码的形式出现。

4. 参与主体多样化

传统外贸主要以货物和服务贸易为主,参与传统外贸的主要是大中型企业,交易时间周期长,资金结算困难,交易过程复杂,因而小型企业和个人难以参与。跨境电商的产生,特别是跨境电商平台的服务,让小型企业和个人也可以参与进来,极大地方便了所有从业者。

5. 交易量灵活

跨境电商的产生,让参与主体多样化,使交易双方的量可大可小、可多可少,非常灵活。

6. 交易频率高

跨境电商的产生,让国际社会公众可以实现个人在线购物。由于消费者的广泛参与,跨境电商的交易频率也越来越高。

1.1.5 跨境电商的类型

为了掌握跨境电商的业务内容和形式,需要对跨境电商的业务类型进行分类。跨境电商的类型比较多,可以按照不同的标准进行分类,主要的分类标准和类型如下。

1. 按照进出口方向分类

如同国际贸易进出口分类一样,按照进出口方向分类,跨境电商的类型可以分为跨境电商出口和跨境电商进口,如表1-1所示。

表1-1 按照进出口方向分类

跨境电商类型	基本内涵	常见跨境电商平台
跨境电商出口	跨境电商出口通常是指卖家通过国内的电商平台或者海外的电商平台将国内的产品上架销售至海外	全球速卖通、亚马逊、eBay、Wish
跨境电商进口	跨境电商进口主要是指买家通过跨境电商平台或者新媒体中介实现各个国家和地区商品的海淘购买	苏宁国际、网易考拉海购

2. 按照交易模式分类

按照交易模式分类,跨境电商的类型可以分为B2B(企业对企业)跨境电商、B2C(企业对个人)跨境电商、C2C(个人对个人)跨境电商和M2C(生产商对个人)跨境电商,如表1-2所示。

表1-2 按照交易模式分类

跨境电商类型	基本内涵	常见跨境电商平台
B2B 跨境电商	企业与企业之间的跨境电商	阿里巴巴国际站、亚马逊企业购
B2C 跨境电商	企业与消费者之间的跨境电商	苏宁国际、网易考拉海购、Wish
C2C 跨境电商	个人与个人之间的跨境电商	海淘代购、eBay、微信代购
M2C 跨境电商	生产厂家直接对消费者销售产品或者提供服务的跨境电商	天猫国际

3. 按照海关监管方式分类

目前，许多国家（包括我国）的海关对跨境电商监管方式有所不同，按照海关监管方式分类，可以把跨境电商分为一般跨境电商和保税跨境电商两个类型。尽管方式不同，但是海关都要对出口商品货物进行监管。

未来，随着社会经济、科技的进步，跨境电商还会产生新的交易模式和类型。

1.2 传统外贸与跨境电商的不同

跨境电商是在传统外贸方式上发展起来的。传统外贸即国际贸易（International Trade），是指国与国之间进行商品、服务和资本的跨境交易活动。它是不同国家之间利用各自的资源、技术和劳动力从事经济交流的一种形式。跨境电商和传统外贸方式虽然本质相同，都是一种商务，但是两者还是有所不同的。因为传统外贸方式指的是线下跨境贸易，也就是普通的货物进出口贸易，而跨境电子商务主要指的是线上跨境交易。除此之外，跨境电商和传统外贸的不同，还体现在以下方面。

1.2.1 商务流程不同

从传统外贸的出口流程来看，出口公司与进口公司经过磋商签订合同后经历"货、证、船、款"四个业务过程，便完成了外贸操作。如果进口商有要求，出口商还要投保，然后制单结汇，最后办理出口退税。而货物进口的流程为：进口商与出口商签订合同后申请进口许可证，然后结汇、进口报关、进口报检。在跨境电商出口的流程中，商品的销售商事先将产品拍照，做好商品详细资料的整理，将图片和文字上传至网络平台，买方针对自己选中的商品自行操作结账。此后，商家会根据订单中的商品信息，将需要的商品交至物流公司，物流公司再根据订单中的买家信息采取最佳的配送方式，办理了出口国和进口国的海关通关手续后，再由进口国国内物流机构送至买方手中。目前，从事跨境电商的大多为中小企业，由于本身资源和资金有限，相关企业通常会选择借助第三方综合服务平台，由第三方综合服务平台代表该企业办理通关、出口退税等流程中的非生产性手续，以保证跨境交易的达成。跨境电商的进口流程，实际上则只要将出口流程反向操作即可。

跨境电商相比于传统外贸模式，有难以比拟的优势，如突破了传统地理范围的限制、受贸易保护影响小、涉及中间商少、价格低廉和利润率高等。但同时也存在明显的通关、结汇和退税障碍，以及贸易争端处理不完善等劣势。

1.2.2 交易环节和细节不同

1. 交易环节上的差异

传统外贸的信息流、资金流和物流是分离的，而通过跨境电商平台，这些可以在一个平台上完成，而且可以同时进行。传统外贸发生在企业与企业之间，过度依赖传统销售、买家需求封闭、订单周期长、汇率风险高、利润空间低等问题长期存在。而在跨境小额贸易模式下，传统外贸中间商的环节被延伸到了零售环节，打破了原来的国外渠道进口商、批发商、分销商甚至零售商的垄断，企业面对的客户群不单是消费者，还有个体批发商、零售商，这有效减少了贸易环节，缩短了价值链，交易渠道更加扁平化，从而降低了渠道成本，让企业获得更多利润，消费者享受更多实惠。

2. 产业链条上的差异

我国传统贸易企业大都从事加工贸易，处于代工地位，产品设计和市场营销等功能明显偏弱，产品附加值低。而在跨境电商模式下，企业掌控完整的产业链条。企业在利用跨境电商平台的过程中，可以获得最新的行业资讯、竞争对手的情况以及国外消费者的消费习惯、地区分布等信息，通过论坛向成功者学习经验，并从市场数据中找到产品研发、市场营销和售后服务的有力支撑。

3. 运营成本上的差异

跨境电商避免了传统贸易方式下人员的大量外出谈判和参展活动，也减少了各国的分支机构，从而降低了海外办公支出；突破了地理位置的局限，有利于在更广阔的市场空间寻找商业伙伴；利用网络开展网络营销，可以显著提高营销成本的投入产出效率，绕开利用传统电视、广播、报纸和杂志进行国际市场营销的巨大开支门槛，从而扭转了我国企业长期不敢在国际市场投放广告的被动局面；电商平台可以通过生产前的大规模预售活动，帮助品牌扩大总需求和测试市场反应，进而帮助企业降低库存风险，提高营运资金的周转效率；采用智能化管理模式，将顾客需求与企业产品研发、生产和库存管理有机结合起来，从而缩短产品开发周期，降低生产采购成本和物流仓储成本，提高供应链的效率和准确性。

4. 产品差异化上的差异

跨境电商与传统贸易方式相比有产品类目多、更新速度快、具有海量商品信息库、个性化广告推送、口碑聚集消费需求、支付方式简便多样等优势，并且面对的是全球消费者，市场潜力巨大；企业可以通过电子邮件、BBS、社区网络等在线调研及沟通获得大量的产品和消费者个人数据，并综合运用网站优化策略、差异化服务策略、关系营销策略和搜索引擎营销策略开展全方位的售前、售中和售后服务；由于掌握更多的顾客数据，跨境电商企业更能使用CAD（computer aided design，计算机辅助设计）和CAM（computer aided manufacturing，计算机辅助制造）技术来设计和生产出差异化、定制化产品；企业通过产品网站的音频、视频和图像来介绍企业产品，并提供在线咨询、网上订购、订单查询和售后服务等增值服务，从而更好地为顾客提供技术支持，展示自身与众不同的企业形象，在虚拟的网络环境中塑造自己的品牌。

5. 与时代变化融合上的差异

跨境电商随着时代发展而发展，移动电商有望在未来发挥更大的作用。据统计，至2024年4月，全球互联网用户数量已攀升至54.4亿人，其中有21.4亿人通过移动设备来购物。PayPal发布的《全球跨境电商报告》数据显示，随着智能手机和平板电脑的普及，跨境电商出现了移动电商和移动支付方式。得益于经济的逐步复苏，未来三年跨境电商行业预计将以16.4%的年均复合增长率稳健发展，到2025年其市场规模有望突破10万亿元大关。伴随着跨境电商发展而来的还有新型社会商务，同样也对传统贸易提出了新的挑战。总体来说，跨境电商为对外贸易带来了新的增长点，并有望进一步发挥"中国制造"的产品优势，促进"中国制造"向"中国营销"和"中国创造"加速转变，推动对外贸易转型升级。

1.2.3 商家运营角度不同

前面从宏观方面比较了跨境电商与传统外贸的不同，有利于加深对跨境电商行业的了解。以下从商家运营角度比较传统外贸与跨境电商的不同，如表1-3。

表1-3 传统外贸与跨境电商的不同

比较标准	传统外贸	跨境电商
与消费者的接触度	不了解消费者需求，产品设计和需求不容易匹配	直面消费者，针对性设计产品，保持长期竞争力
交易环节	交易环节多，利润低	直接卖货给消费者，利润高
业务透明度	过程不透明，不可控因素多	直接通过跨境出口电商网站做生意，信息实时透明，业务尽在掌控
定价权	没有定价权，相对被动	拥有行业定价权，从而占据业务决策的主动位置
货款回收	回款速度慢，风险大	回款速度快，风险小

无论是选择跨境电商还是传统外贸，重要的是要认真分析市场需求、了解自身的优势和限制，并制定出符合实际的商业策略。通过不断学习和适应市场变化，无论是在跨

境电商还是传统外贸领域,都有可能取得成功。在这个多变的全球贸易环境中,灵活性和适应性等关键因素,可以帮助企业和个人在竞争激烈的市场中保持优势。

1.3 跨境电商的发展历程与发展方向

1.3.1 我国跨境电商的发展历程

回顾我国跨境电商的发展历程,大致可以分为三个时间阶段。

1. 跨境电商1.0阶段(1999—2003年)

1999—2003年期间为跨境电商起步阶段,有人称之为跨境电商1.0阶段。跨境电商1.0阶段的主要商业模式是网上展示、线下交易的外贸信息服务模式。跨境电商1.0阶段第三方平台主要的功能是为企业信息及产品提供网络展示平台,并不在网络上涉及任何交易环节。此时的盈利模式主要是向进行信息展示的企业收取会员费(如年服务费)。跨境电商1.0阶段发展过程中,也逐渐衍生出竞价推广、咨询服务等为供应商提供完整信息流的增值服务。

2. 跨境电商2.0阶段(2004—2012年)

2004年,随着敦煌网的上线,跨境电商2.0阶段来临。2004—2012年期间,有人称之为我国跨境电商的发展阶段。在这个阶段,跨境电商平台开始摆脱纯信息黄页的展示行为,将线下交易、支付、物流等流程实现电子化,逐步实现平台在线交易。

相较于第一阶段,跨境电商2.0阶段更能体现电商的本质,借助于电商平台,通过服务、资源整合有效打通上下游供应链,包括B2B平台模式和B2C平台模式两种模式。跨境电商2.0阶段,B2B平台模式为跨境电商主流模式,通过直接对接中小企业商户实现产业链的进一步缩短,提升商品销售的利润空间。

在跨境电商2.0阶段,第三方平台实现了营收的多元化,同时实现后向收费模式,将收取会员费改为以收取交易佣金为主,即按成交效果来收取佣金。同时还通过平台上的营销推广、支付服务、物流服务等获得增值收益。

3. 跨境电商3.0阶段(2013年至今)

2013年成为跨境电商紧张转型年,跨境电商全产业链都出现了贸易形式的变化。随着跨境电商的转型,跨境电商3.0"大时代"随之到来。2013—2023年期间,有人称之为我国跨境电商的繁荣阶段。跨境电商3.0阶段具有大型工厂上线、B类买家成规模、中大额订单比例上升、大型服务商插手和移动用户量爆发等五个方面的特性。与此同时,跨境电商服务升级,平台承载能力更强,全产业链服务在线化也是3.0时代的主要特性。在跨境电商 3.0 阶段，用户群体由草根创业向工厂、外贸公司转变，且具有极强的管理能力。平台销售产品由网商、二手货源向一手货源转变。

3.0 阶段的主要卖家群体正处于从传统外贸业务向跨境电商业务艰难转型期，生产模式由大生产线向柔性制造转变，对代运营和产业链配套服务需求较高。另外，3.0 阶段的主要平台模式也由 C2C、B2C 向 B2B、M2B（生产商对经销商）模式转变，批发商买家的中大额交易成为平台主要订单。

跨境电商行业能够快速发展到 3.0 阶段，主要得益于以下几个方面：

① 得益于中央及各地政府的高度重视。在中央及各地政府的大力推动下，跨境电商行业的规范和优惠政策相继出台，如《关于跨境贸易电子商务进出境货物、物品有关监管事宜的公告》（海关总署公告〔2014〕56 号）、《关于进一步促进电子商务健康快速发展有关工作的通知》（发改办高技〔2013〕894 号）、《关于促进电子商务健康快速发展有关工作的通知》（发改办高技〔2012〕226 号）、《关于开展国家电子商务示范城市创建工作的指导意见》（发改高技〔2011〕463 号）等，这些与跨境电商相关政策的出台，在规范跨境电商行业市场的同时，也让跨境电商企业开展跨境电商贸易得到了保证。

② 在海外市场，B2B 在线采购已占据半壁江山。据 Grand View Research 测算，2020 年至 2027 年全球 B2B 电子商务综合年增长率为 17.5%，预计到 2027 年全球 B2B 电子商务市场规模将达到 20.9 万亿美元。随着电子商务的持续渗透，全球商业采购需求向线上转移开始提速。

③ 移动电商的快速发展也成就了跨境电商 3.0 阶段的快速到来。2013 年，智能手机用户占全球人口的 22%，首次超过 PC（Personal Computer，个人计算机）用户比例，智能手机达 14 亿台。

2023 年 8 月 28 日发布的第 52 次《中国互联网络发展状况统计报告》显示：2023 年上半年，我国跨境电商进出口额达 1.1 万亿元，同比增长 16%；跨境电商货物进出口规模占外贸比重由 5 年前的不足 1% 上升到 5% 左右，跨境电商成为外贸重要新生力量；农村电商取得积极进展，上半年，全国农村网络零售额达 1.12 万亿元，同比增长 12.5%。农村物流体系不断完善，为畅通城乡商贸循环，带动工业品下乡和农产品上行提供了有力支撑。同时，直播带货、产地直采、"电商+旅游+采摘"等各类新模式也为农村电商发展提供了源源动能。

2023 年 11 月 23 日，《中国数字贸易发展报告（2022）》显示，2022 年中国跨境电商进出口规模首次突破 2 万亿元。

1.3.2 跨境电商的发展方向

通过观察总结，跨境电商未来主要向以下几个方向发展。

1. 创新科技的应用

随着人工智能、大数据、物联网等技术的快速发展，跨境电商将更加依赖于创新科技的应用。例如，利用人工智能技术进行智能推荐和个性化定制，通过大数据分析提供精准的市场洞察和预测，以及利用物联网设备实现物流追踪和供应链管理等。

2. 贸易便利化与政策支持

各国政府在促进跨境电商发展方面起到了重要的推动作用。未来的发展方向将更加注重贸易便利化，减少贸易壁垒和政策限制，并提供更多的政策支持和配套服务，以促进跨境电商的发展。

3. 跨境支付和金融创新

跨境电商需要解决支付和结算的问题，包括货币转换、支付安全和金融风险。未来的发展将更加注重跨境支付的方便性、安全性和成本效益，并鼓励金融创新，提供更多的金融产品和服务，以支持跨境电商的交易和融资需求。

4. 跨境物流和配送网络

物流和配送环节是跨境电商的重要组成部分。未来的发展方向将更加注重跨境物流的快速、便捷和可追溯性，发展更加高效的跨境物流网络，包括海运、空运、快递和仓储等环节。

5. 跨境合作和品牌建设

跨境电商需要不同国家之间的合作与共赢。未来的发展方向将更加注重国际合作和品牌建设，通过合作伙伴关系、跨境品牌推广和知识产权保护等措施，树立良好的国际信誉和品牌形象。

总的来说，跨境电商的发展方向将更加注重创新科技的应用、贸易便利化与政策支持、跨境支付和金融创新、跨境物流和配送网络，以及跨境合作和品牌建设等方面的发展。这些方向将推动跨境电商的跨越式发展，并为消费者提供更好的购物体验，向商家提供更多的市场机遇。

本章小结

跨境电商是电商时代的产物，是当前国际经济贸易的新形式。本章首先在对商务发展演变历史进行简介的基础上，对电商和跨境电商的概念进行了界定，分别给出了跨境电商早期和现在的定义，指出了跨境电商的本质含义，介绍了理解跨境电商定义的多个要素点，总结了目前跨境电商的一些特点。接着，对跨境电商的类型进行了多角度分类，重点对跨境电商和传统外贸进行了比较，并比较得出跨境电商和传统外贸各有特点,二者会共同存在、共同发展。最后,总结了我国跨境电商的发展历程,并对跨境电商的未来发展方向进行了展望。

跨境电商训练营

一、核心概念

商务　电商　跨境电商　贸易　国际贸易　关境

二、同步练习

1. 跨境电商的定义有哪些?有哪些特点?
2. 比较传统外贸和跨境电商的不同点。
3. 跨境电商按照交易模式分类,有哪些类型?
4. 跨境电商业务过程,涉及哪些主体?
5. 跨境电商未来的发展方向是什么?

三、课外拓展

江苏常熟商务局促进跨境电商发展,全力打造新经济

货卖全球,新业态成经济新增长极。近年来,常熟形成了汽车及汽车零部件、装备制造、纺织服装三大千亿级产业,有着发展跨境电商的产业基础。2022年以来,常熟市商务局积极推进跨境电商发展,举办了4场跨境电商等外贸新业态培训会,组织了3场跨境电商考察调研。同时,出台常熟市跨境电商扶持资金政策,明确8项具体扶持举措,积极打造跨境电商生态体系。江苏省商务厅发布的2021年度江苏省跨境电商产业园名单上,常熟服装城跨境电商集聚区上榜。2022年常熟首届跨境电商直播节在常熟跨境电商公共服务中心亮相,主要聚焦"产业集群+跨境电商"发展方向,从主体培育、品牌打造、模式创新、产业链构建、营销服务体系建设、人才集聚等方面着力,推动常熟一批外向度高、国际市场消费潜力大的优质企业和产品加速跨境出海。

TikTok带来直播卖货新风口。近年来,常熟服装产业带商家抓住直播风口,逐步完善常熟直播生态,形成了专业化的直播业态。目前常熟有超6 000家抖音直播商家,2021年销售额高达144.3亿元。TikTok即抖音短视频国际版。随着TikTok在海外接连获得佳绩,国内的不少跨境电商也瞄准这一新风口,开始拥抱直播。走进直播基地,5位外籍主播立刻大展身手,激情满满地用流利的英语向海外买家展示和介绍产品。现场

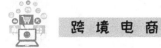

还有专业导师,对跨境电商企业进行辅导,帮助他们快速掌握直播带货技巧。

(资料来源:https://www.thepaper.cn/newsDetail_forward_19816014.有改动)

问题:

登录访问常熟市跨境电商综合服务平台,简述该平台推出了哪些面向跨境电商经营者的服务项目和措施。

第2章　亚马逊跨境电商平台

【学习目标】

知识目标
- 了解亚马逊平台的运行规则。
- 能够描述亚马逊平台注册开店的注意事项。
- 掌握亚马逊平台面临的挑战。

能力目标
- 掌握亚马逊平台的站点分布。
- 能够掌握亚马逊平台的注册开店模式。
- 能够理解亚马逊平台面临的挑战及应对措施。

素质目标
- 拓宽学生的国际经济视野，培养学生积极参与全球化市场商务活动的意识。
- 掌握 A-to-Z 内容条款，培养学生积极应对危机和解决危机的能力。
- 能够引导学生学以致用，根据自己或者所在企业的实际情况，选择在亚马逊电商平台注册开店，开展跨境电商经营。

【引导案例】

2024 年：千帆竞发，高质量出海

2023 年 12 月，14 000 余名来自全国各地的卖家齐聚深圳，参加了亚马逊全球开店一年一度的跨境峰会。

这是三年来亚马逊第一次回到线下举办这么大规模的卖家峰会。在现场，卖家们对跨境电商高涨的热情，让我倍感振奋；制造企业对转型跨境电商的期待，让我深感任重

道远；卖家们对未来的信心，让我深受鼓舞；而他们对业务发展的独到见解，更是让我备受启发。

那几天，卖家朋友和我聊得最多的一个话题，就是"高质量出海"。

过去一年，纵使全球经济持续波动，跨境电商的发展依旧势不可挡。

不久前，政府再次提出要加快培育外贸新动能，其中就包括拓展跨境电商出口。

如果说，中国跨境电商出口的崛起是供应链、政策和人才等优势叠加下的借势而起；那么，跨入2024年，当我们处在行业从量变到质变的前夜，我坚信未来5年乃至10年，"高质量出海"将是跨境电商出口下一阶段顺势而为最好的选择。

1. 跨境电商前景广阔

全球消费的复苏，以及消费习惯向线上的持续转移，给行业带来了新机。而以数字化转型、产品创新、品牌建设、全球布局、现代供应链等为代表的"高质量出海"，则带来了更多增量机遇。

以品牌建设为例，2023年的亚马逊"黑五网一"业绩再创新高，其中品牌卖家尤为出色。在高销量基数的情况下，仍有超过20%的中国品牌型卖家在亚马逊成熟站点的产品销量同比增幅超过了50%；相同条件下，更有超过15%的卖家同比增幅超过100%。

以全球布局为例，亚马逊所在的新兴地区，如中东、澳大利亚、拉美以及中欧、东欧等地区的电商增速已经超过了成熟地区。过去12个月，在亚马逊上线美国站以外其他站点的中国卖家数量增长了45%，其中拉美站和中东站尤其受到中国卖家青睐。

以产品创新为例，中国卖家过去12个月的销售额，有35%以上来自12个月内创建的新选品，有60%以上来自24个月内创建的新选品。持续推陈出新带来的价值不言而喻。

以跨境商采为例，海外企业逐步转向在线采购的趋势，为我们打开了一扇新的大门。大量传统工贸企业转型跨境电商，通过亚马逊企业购，直接触达全球超过600万家企业和机构。相较三年前，亚马逊上同时布局了B2C和B2B电商业务的中国卖家数量增加了近90%。

2. 练好内功是门必修课

更进一步来看，推出消费者喜爱的产品，打造消费者信赖的品牌，提供消费者满意的服务，这些高质量产出的背后，考验的是卖家全方位的能力。许多成功卖家对建设企业内部能力的重视以及在这方面取得的进展，让我印象深刻。

例如，杯壶品牌哈尔斯（HAERS），他们发挥"中国口杯之都"当地完善的产业基础优势，在生产环节力推"智能制造4.0模式"，实现生产流水线的高度自动化、智能化；同时在产品设计和品质上加大投入，创新产品线，逐渐从制造者蜕变为走向世界的杯壶品牌，产品远销全球80个国家和地区。

又如三星羽绒，他们把差异化作为战略方针，其旗下一款夏凉被在亚马逊上线仅12个月就营收超千万美元，产品的复购率也超过了25%。成功的背后，是他们对挖掘消费者诉求的重视：在产品上线前，他们不仅在美国发放近4 000份问卷，还利用大数据工具深入调研消费者需求。终于，历时8个月，推出了面向易出汗人群的夏凉被。

再如运动休闲服饰品牌百乐弗（Baleaf），他们在面料的研发上不断投入和迭代，以解决版型和尺码的包容性问题，推出贴合不同运动场景使用需求的产品。在运营方面，他们根据不同站点消费者的喜好，对产品的详情页做出相应的调整，突出产品的独特卖点。未来，他们还要在团队的国际化、供应链升级等方面继续加大投入。

这样的例子还有很多。但论能力建设，无外乎都落在品牌力、产品力、运营力和认知力四个方面。与之相反的是，过去那个只要有渠道、有产品、价格低就能把业务做得还不错的时代已经过去了。

自2015年起，已经有数十万中国卖家通过亚马逊全球开店把产品远销海外。作为跨境电商崛起的参与者、见证者和领导者，我们有责任帮助卖家练就面向未来高质量出海的全方位能力，帮助他们积累品牌价值，建立发展的护城河，这也是我们2024年把战略重点聚焦在赋能品牌打造、简化全球运营、强化全球供应链解决方案、驱动全球拓展和提升本地服务背后的思考。

3. 共同培育面向未来的跨境电商

当然，无论是积累品牌价值，投入产品创新，还是布局全球业务，都不是容易的事情，更不可能一蹴而就。但我们可以确定，这是高质量出海、让业务长久发展的必由之路。

在亚马逊，我们始终不断加大投入，以提高卖家的销售体验。亚马逊每年在物流、工具、服务、项目和团队等方面的投入达到了数十亿美元。同时，我们也充分发挥灵活性，及时推出贴合本地卖家需求的服务。在跨境峰会上，我们就推出了诸多创新实践。

尽管未来仍将面临不确定性，但是中国跨境电商出口稳步发展、长期向好的基本盘不会改变。在"高质量出海"的驱动下，更多来自中国的"全球品牌"闪耀世界，将成为一个可预见的常态。我们也期待和更多卖家一起，共享跨境电商的广阔未来！

（资料来源：https://gs.amazon.cn/news/news-brand-240111. 有改动）

【案例思考】

1. 2024年以后的5年乃至10年，哪种方式的跨境电商出口将是下一阶段顺势而为最好的选择？

2. 要做好跨境电商运营，论能力建设，无外乎都落在品牌力、产品力、运营力和认知力四个方面。与之相反的是，过去那个只要有渠道、有产品、价格低就能把业务做得还不错的时代已经过去了。你如何评论这个观点？

2.1 在亚马逊注册开店的三种途径

2.1.1 在亚马逊网站上自注册

亚马逊（Amazon）为商家注册开店主要提供了三种途径。商家在亚马逊注册开店的第一种途径是在亚马逊网站上进行自注册。通过浏览器登录 https：//gs. amazon. cn，进行自注册。主要流程如下。

1. 注册前必读

为确保注册过程顺利，请仔细阅读如下注意事项：

① 在注册前准备要好相关材料，否则会卡在某一步骤不能继续。注册过程不可逆，但是可以中断，也就是可以离开一段时间然后回来用正确的注册邮箱和设置好的密码登录继续注册。如果遇到无法登录的情况请确定网络环境稳定，可以尝试更换浏览器。

② 除文档中有特别要求以外，所有信息请使用拼音或英文填写。

③ 确保在卖家平台填写和提交的资料真实有效，而且与所提交文件中的信息相符。

④ 确保联系信息为最新信息（电子邮箱地址和电话号码），以便亚马逊在必要时与注册者联系。

⑤ 在卖家平台提交的用于支付和结算的信用卡建议使用法人信用卡，银行账户信息必须真实有效。

⑥ 其他注意事项：运营必须合规，要严格按照亚马逊的规定执行，如果不了解亚马逊的规定，建议查询卖家平台或者寻求帮助，注册期间如果有任何疑问，可以点击页面中的"获取支持"按钮，取得相应支持。

2. 提前准备注册材料

① 法定代表人身份证正反面的彩色照片。

② 公司营业执照的彩色照片。

③ 联系人的电话号码（未注册过亚马逊）。

④ 联系人的电子邮箱地址（未注册过亚马逊）、公司的地址和可进行国际付款的有效信用卡/借记卡，以及用于接收付款的银行账户。

⑤ 注册者想运营的目标站点、主营类目及相关产品图片。

3. 注册流程

① 填写姓名、邮箱地址、密码，创建新用户。

② 验证邮箱。

③ 填写公司名称并确认卖家协议。

④ 填写公司详细信息，进行电话/短信认证验证。

⑤ 填写付款信用卡和收款账户信息。

⑥ 提供商品信息。

⑦ 进行身份验证并完成验证。

2.1.2　在亚马逊全球开店公众号上提交资料

商家在亚马逊注册开店的第二种途径是个人或者公司通过在亚马逊全球开店公众号上提交资料进行手机注册，下面介绍主要流程步骤。

1．进入亚马逊平台

利用手机浏览器进入亚马逊全球开店网，找到亚马逊全球开店二维码，然后扫码；或者在手机微信中搜亚马逊全球开店微信公众号，设置为关注，继续下面的操作。

2．创建亚马逊卖家账户

① 在亚马逊的主页上选择卖家中心。

② 在卖家中心上选择创建账户。

③ 输入个人信息（姓名、邮箱地址和密码等），完成电子邮箱验证。

④ 输入公司信息（公司地址、业务类型、用于登记的企业名称、公司注册号码、法定代表人相关信息、银行账户相关信息及店铺相关信息等）。

⑤ 根据亚马逊的要求验证账户信息。

⑥ 提交验证后，等待亚马逊的审核。

⑦ 通过审核后继续完善后面的业务流程。

2.1.3　直接联系招商经理下发注册链接

目前为止，亚马逊已经停止个人开店注册的途径。公司还可以采用以下第三种途径进行注册，即直接联系招商经理获取注册链接，主要流程如下：

① 商家把注册资料填好发给招商经理。注册资料按照第一种途径的类似要求提前准备好。

② 商家通过账户经理渠道报名，填写"潜在卖家信息登记表"。

③ 经理提交资料到亚马逊系统，并且使用@amazon.com结尾的邮箱发送注册链接让商家进行注册。

④ 完成填写，点击提交后请耐心等待，账户经理查看到资料后，会通过电话、微信或者邮件与注册者取得联系。

注册时请务必认准来自亚马逊全球开店账户经理的邮件（以@amazon.com结尾），

可能要求补充材料,或是给您发注册链接,注册者可点击邮件的注册链接并开始注册。

若您填表2周后尚未获得经理联系,可扫码绑定官方小助手企业微信,加入"亚马逊官方入驻预备班"获得更多指导和支持。

亚马逊的官方注册链接不收取任何费用,注册过程不会因注册渠道不同而有差别。

以上关于亚马逊为商家注册开店提供的三种途径,以第一种和第三种为主,注册开店时只能三选一,不能同时采用两种或者三种途径。另外,随着通信科技的发展,亚马逊注册开店的途径也可能会调整。

2.2 亚马逊详情介绍

2.2.1 亚马逊平台的优势

亚马逊平台覆盖的市场基本上是目前世界上最核心的主流市场,如美国、加拿大、德国、英国、法国、意大利、西班牙和日本。亚马逊在这些国家都是当地最大的网上购物平台。作为跨境出口卖家,想要让自己的产品在这些国家获得销售,在亚马逊平台上开店是不二之选,原因如下:

① 平台流量大。以美国地区为例,亚马逊的流量是2 200M,而同是B2C类型的平台,eBay为999M,全球速卖通的流量是593M。亚马逊(美国)相当于2个eBay(美国),相当于4个全球速卖通(美国)。

② 平台体量大。在跨境电商主流市场,亚马逊都是当地最大的网上购物平台。作为北美第一大电商网站平台,亚马逊在全球有许多各个站点,让你人在中国,足不出户,也能迅速将业务拓展到国外,接触到全球海量的亚马逊客户。

③ 平台客户优。亚马逊的企业文化以"世界上最以用户为中心的企业"为基础,一切决策都以让用户满意为原则。亚马逊美国站的重度用户Prime会员达1.01亿,人均年消费值达1 200美元。Prime会员是亚马逊的忠实支持者,他们对亚马逊的信任将自然而然延伸到中国卖家身上。

④ 物流体系强。亚马逊拥有全球最大的仓储物流体系FBA(Fulfillment by Amazon,亚马逊物流配送),送货速度快,仓储空间大。

⑤ 平台规范。平台自营与第三方卖家同在,亚马逊也会基于平台数据选择热销产品自己销售;入驻商家平等,没有排名垄断,容易后来居上。在日常运营中,亚马逊虽然也对平台规则小幅调整,但都是基于原有框架对漏洞的修复而已。

⑥ 平台平均利润率高。基于亚马逊独特的平台属性和消费群体较高的消费能力,

客户对价格不太敏感，商家利润率通常保持在30%以上；如果产品独特，可高达100%以上。①

目前亚马逊还是流量红利期，而且平台在全球大力扩张。只要跟上亚马逊的步伐，我们的产品也会远销海外，成为全球品牌。

大家都说做跨境生意"选择大于努力"，在对电商平台的选择上，无论从市场规模、平台规范、发展空间，还是从卖家所追求的利润率和利润空间来看，亚马逊都是值得跨境电商卖家优先关注的平台。

2.2.2 亚马逊全球站点分布

亚马逊的全球化是为了适应经济全球化的趋势，在2011年之前，只有美国公民或者美国公司才能以第三方卖家的身份入驻亚马逊开店，并且亚马逊对入驻资料有严格的监管。亚马逊从2012年年初开始启动全球开店业务，为了帮助中国卖家更容易入驻亚马逊，其特意在北京和上海设置了中国招商团队，这样亚马逊全球开店项目就在中国遍地开花了。目前，亚马逊美国、加拿大、墨西哥、英国、法国、德国、意大利、西班牙、荷兰、瑞典、比利时、日本、新加坡、澳大利亚、印度、阿联酋、沙特、波兰、巴西等19大海外站点已面向中国卖家开放，吸引数十万中国卖家入驻。

以下简要介绍部分海外站点的情况。

1. 亚马逊美国站

美国作为全球最大的零售市场，一直是全球自由贸易的倡导者，亚马逊作为美国非常成熟的在线电商购物平台，占有约45%的市场份额。亚马逊美国站从最初的一家网上书店，通过引入第三方卖家的形式丰富商品种类发展为现在综合类目的购物平台。

美国亚马逊Prime会员数量已经超过1亿，几乎每家都会使用亚马逊平台购物，亚马逊的FBA在美国可以做到2日送达。

亚马逊美国站的网址是https：//www. amazon. com。

2. 亚马逊加拿大站

加拿大账户隶属于亚马逊的北美及拉美站账户，当商家开通亚马逊北美及拉美站账户的时候，加拿大账户就和美国账户一起开通了，并且在后台能够一键切换。

加拿大地广人稀，虽然关税较高，但是互联网普及率非常高，对境外商品有很高的接受度。加拿大线上购物市场每年都是高速增长的，亚马逊卖家应该重视这个市场。加拿大市场更适合前期快速盈利，原因有四点：

① 加拿大和美国一样是英语国家，不存在语言障碍。

---

① 雨果跨境. 八大数据告诉你为什么要做亚马逊！[EB/OL]. (2020 – 07 – 23) [2024 – 04 – 10]. https://www.cifnews.com/article/73096.

② 紧邻美国，买家需求和美国相似。
③ 亚马逊官方对加拿大有较为宽松的政策。
④ 加拿大作为靠近北极的城市，属于寒冷之邦，卖家可以针对加拿大市场开发专属产品。

亚马逊加拿大站的网址是 https：//www.amazon.ca。

3. 亚马逊墨西哥站

墨西哥站账户属于亚马逊北美及拉美站账户，但是有95％的亚马逊卖家选择直接忽略墨西哥站。墨西哥和美国相比确实在购买力、物流、清关方面存在较大差距，但是亚马逊、沃尔玛和阿里巴巴都在墨西哥投入巨资，并且亚马逊正在墨西哥城的郊区建立新的仓库，很多卖家也开始启动墨西哥市场了。

墨西哥的在线购物市场正在高速发展中，当地人很喜欢从国际性的电商购物平台下单，并且愿意接受5~8天的配送时间。从这一点来看，亚马逊的FBA非常符合当地人的使用习惯，并极具竞争力。亚马逊在2017年启动了针对墨西哥的Prime会员计划，Prime会员可以享受2日送达的快递服务。

亚马逊墨西哥站的网址是 https：//www.amazon.com.mx。

4. 亚马逊英国、法国、德国、意大利、西班牙站

亚马逊英国、法国、德国、意大利、西班牙站属于亚马逊欧洲站，是继美国站之后最受卖家欢迎的市场，也是最充满机遇的市场，因为欧洲市场传递给跨境电商卖家的信号是产品利润高。

欧洲站共用一个卖家账户。目前欧洲站正式对外开放的有英国、法国、德国、意大利、西班牙等5个成熟站点，潜力新站点设在瑞典、荷兰、波兰、比利时。欧洲是成熟的资本主义市场经济，当地人民生活水平普遍较高、福利政策较好，所以在网上购物的时候，他们往往更看重产品的品质而不是价格。特别是一些小语种国家，对海外产品品牌普遍没有达成一致的认知，这就给了中国跨境电商卖家很好的机遇。

欧洲国家税收政策完善，亚马逊卖家普遍使用FBA发货，所以需要注册5个国家的税号才能正常运营。

亚马逊欧洲站成熟站点的网址各不相同：
① 英国站点是 https：//www.amazon.co.uk。
② 法国站点是 https：//www.amazon.fr。
③ 德国站点是 https：//www.amazon.de。
④ 意大利站点是 https：//www.amazon.it。
⑤ 西班牙站点是 https：//www.amazon.es。

5. 亚马逊日本站

日本市场即使对传统外贸从业人员来说，也是非常陌生的。这几年，中国对日贸易

总额并不高，跨境电商中的亚马逊卖家可以说是中国对日零售贸易的先头兵企业。虽然亚马逊日本市场没有美国市场大，但是亚马逊日本站非常适合中国卖家经营，原因如下：

① 日本的人口超过1亿。

② 开店更简便。

③ 物流便捷。

④ 不用担心KYC（Know Your Customer，了解你的客户）。

⑤ 利润空间极大。

亚马逊日本站的网址是https：//www.amazon.co.jp。

6. 亚马逊澳大利亚站

澳大利亚站是亚马逊在2017年才启动的一个新站点，2018年已经有部分卖家入驻了，但因为前期平台还处于推广期，所以第三方卖家并没有获得多少流量。也正因为是新站点，所以澳大利亚站的增长潜力巨大。

目前，澳大利亚在线购物市场份额最大的是eBay，相比美国市场和欧洲市场，澳大利亚市场有诸多优势：

① 以英语为母语。

② 地理位置在大洋洲，距离中国很近。

③ 人均生活水平很高，愿意接受价格较高的进口产品。

④ 中国是澳大利亚最大的贸易合作伙伴。

⑤ 当地邮政效率低。

如果亚马逊在澳大利亚能够迅速开展FBA配送服务，做到2日达、4日达等送货时效，相信会对eBay平台建立强有力的竞争壁垒，也给澳大利亚人送去福音。澳大利亚的华人有12万人左右，这部分人对中国卖家开展运营工作有极大的便利。

澳大利亚站的网址是https：//www.amazon.com.au。

7. 亚马逊印度站

印度市场是目前公认的非常有潜力的市场，现在的印度市场相当于10年前的中国市场。据调查印度有2亿人属于中产阶级，对产品价格异常敏感。

下面是印度对外商投资企业的一些要求：

① 企业在印度投资必须是合资的形式。

② 必有一名印度人或者印度企业占股至少51%。

③ 所有进口商品的税率一般为30%。

这三点是印度政府对外商投资的基本政策，任何人都不可能例外。当然，印度政府规定，单一的零售品牌可以外资100%持股。也就是说，跨境电商卖家想要进军印度市场，要么注册一个全资的印度公司，要么用中国的公司，再找一个印度人占股至少51%。

澳大利亚的税率只有10%，而印度的税率是30%。GST（Goods and Services Tax，商品及服务税）税号是亚马逊卖家使用FBA发货必须具备的资质。

还有一点对跨境电商卖家非常重要，即印度政府规定，为了保护本国产业的良性发展，任何外资企业在印度的市场份额不得超过30%。这一点反映在亚马逊印度站就是亚马逊在印度只有第三方卖家，没有自营。

亚马逊印度站网址是https：//www.amazon.in。

8．亚马逊巴西站

亚马逊在2018年开始允许第三方卖家向巴西消费者提供电子产品。这是继图书业务之后，亚马逊在巴西电商市场中开拓的另一业务。

巴西经济一直处于飞速发展中，只是拉丁美洲的整体经济状况不太好。但巴西仍然是拉丁美洲最大的零售市场，绝对是目前跨境电商市场中的蓝海市场。另外，巴西在线电商零售市场份额仅仅占全部零售市场的5%。

目前，亚马逊增长最快的市场第一是印度，第二是墨西哥，第三便是巴西。

亚马逊巴西站的网址是https：//www.amazon.com.br。

2.2.3　亚马逊的四大商业理念

要想做好亚马逊卖家，尤其是新卖家，就要了解它的规则，遵循它的规则，利用它的规则。亚马逊是一个以客户体验为中心的平台，其客户满意度极高。这一切都源于它提出和坚持实践着的四大商业理念，具体如下。

1．重推荐，轻广告

卖家能在亚马逊平台上做的站内推广形式很少，基本上除了广告，即产品广告（Sponsored Products）和展示广告（Display Advertising），就是促销活动（Promotions）。实际上，这些也不是亚马逊的关注点和盈利点，它始终都注重以客户体验为导向，过多的广告可能会引发客户的反感。

客户在登录亚马逊以后，系统会根据其浏览习惯、搜索习惯、购物习惯、付款习惯等个性化数据，进行关联推荐和排行推荐，以丰富其选择范围，增加访问深度。从结果上来看，这两种推荐方式的转化率也不错，可以有效地触发客户的购买行为。

亚马逊上有一个推荐位叫作Frequently Bought Together，可翻译为"经常一起购买的商品"。比如，客户在购买打印机时，平台会给他推荐墨水；在购买读卡器时，平台会给他推荐存储卡。

另外，当客户再次登录亚马逊网站时，之前浏览过的产品仍会被展示，继续对他进行提醒和刺激，很多客户也在这样的刺激下做出了购买决定。

凭借着这样的算法和技术，亚马逊在业内有着"推荐系统之王"的美称。据统计，亚马逊有35%的销售额都与推荐系统相关。

2. 重展示，轻客服

与其他电商平台不同的是亚马逊没有即时在线客服。所以买家在购买产品前有疑问，如果只能通过邮件这种形式来咨询卖家，一来一回的时间成本就会很高，等到卖家回复时，买家可能已经离开了。这就促使卖家必须在产品页将所有的信息表达得尽量丰富、全面和完整，同时不断地对Listing（商品详情页）进行优化，标题、图片、五行描述、长描述等方面都要精心打磨，将买家想要了解的内容进行充分地展示。

这种重展示、轻客服的系统是亚马逊的特色，其目的是鼓励买家自助购物，尽可能地简化整个交易流程，想买就下单等收货，不想买就换个Listing继续了解，省心、省力、省时。

3. 重产品，轻店铺

有人说，想要做好亚马逊，选品是重中之重。想要成为亚马逊上的成功卖家，绝不能靠多店铺或者多SKU（最小存货单位）来运作。因为在亚马逊进行关键词搜索时一般不会出现店铺，所以卖家也只能靠不断优化产品Listing来让自己的产品排名靠前。

很多优秀的亚马逊卖家的经营策略都是"少做产品，做精产品"，整个店铺加起来可能只有十几款产品，少数几家甚至在十款以内。仔细分析他们的Listing，会发现一个月内写好评的人有不少，则说明销量确实不错。

这种经营策略会让卖家更好地进行库存管理，集中精力做好产品，服务好买家。而在选品上，卖家要注意三个问题：

① 要选择自己熟悉的。
② 要选择有价格优势的。
③ 要选择能满足市场需求的。

4. 重客户，轻卖家

亚马逊设计了两套评价体系，一个是"商品评论"，另一个是"卖家反馈"。前者针对的是卖家提供的产品，后者针对的是卖家提供的服务质量，这表明亚马逊非常鼓励客户表达真实的感受。

这两套评价体系对卖家的影响都比较大，前者影响的是销量和转化率，后者影响卖家的排名和黄金购物车。如果评价星级非常低，不但没有什么曝光和流量，甚至会收到亚马逊的警告或者被移除销售权限。

不过卖家也不要认为自己一定会受到不公正的待遇，按照实际情况来看，亚马逊对买家和卖家之间的平衡把握得比较好，它会根据实际情形来判断双方的责任归属。如果确实是卖家的问题，严重的会被关闭账号；如果是买家无理取闹或有其他目的，亚马逊也会做出公平的处理。

2.2.4 亚马逊和其他主流跨境电商平台

跨境电商平台非常多,目前全球几大主流电商平台的状况如下。

1. 亚马逊

亚马逊创立之初是以打造最大的网上书店为目标的,刚开始运营模式不被看好,后来凭借独特的运营模式,形成了一个完整的电商生态链。

2. eBay

可以说,eBay 是中国跨境电商卖家发源之"根"。很多现在我们耳熟能详的跨境电商大卖家,如环球易购、棒谷、通拓、有棵树、赛维等公司,起家的第一桶金都是从 eBay 获得的。

后来越来越多的跨境电商平台崛起,原本专注于 eBay 的卖家开始将业务拓展至其他平台。当前的 eBay 虽然仍保持着总销售额逐年增长的势头,总体体量依然庞大,但是也面临着严峻的挑战。

随着体量的增长,亚马逊平台开始向第三方卖家开放。当前,亚马逊已经成长为北美、欧洲、日本等多个国家和地区排名第一的网上购物平台,其流量不容小觑。作为北美最大的电商平台,多年来,亚马逊平台总销售额持续保持年均 20% 的增长,这样高速的增长让众多卖家看到了宏大的发展愿景。

亚马逊成立以来,一直贯彻"世界上最以用户为中心的企业"理念,因此高满意度的消费者们为亚马逊带来了丰厚的回报。高频的重复购买率和超高的用户年度消费总额等指标,都成为平台快速发展的重要推动力。庞大的市场体量、高速的年均增长、高质量的客户群体、快捷高效的 FBA 发货系统、完善的售后客户服务体系等因素,都成为卖家们入驻亚马逊平台的重要动力。

3. 全球速卖通

在众多跨境电商平台中,全球速卖通(AliExpress)是唯一有着中国"基因"的平台。依托于阿里巴巴庞大的流量和用户基础,成立于 2010 年的全球速卖通,虽然起步较晚,但发展迅猛。

全球速卖通成立之后,凭借着对中国商家的熟悉,在重视消费者端推广的同时,更重视卖家群体的培养,通过宽松的入驻条件、较低的佣金费率等措施,吸引了大量卖家入驻。

全球速卖通以火箭般的速度累积庞大的卖家群体,然后,通过政策鼓励卖家多发布产品,利用丰富的产品资源和便宜的价格,吸引了世界各地的消费者。

作为起步较晚的跨境电商平台,全球速卖通避开亚马逊、eBay 等占绝对优势的欧美市场,选择以巴西、俄罗斯等新兴市场国家作为切入口。

随着自身规模的增长,全球速卖通逐步把改善用户满意度提上日程。为了确保消费者能够在购物过程中享有满意的产品和服务，全球速卖通平台提高卖家准入门槛，同时，在发货时效、售后客户服务水准等方面对卖家提出严格的要求。

4. Wish

Wish 平台起步最晚，成立于 2011 年，转型为购物平台并为中国卖家关注是在 2014 年。

虽然起步晚，但自从开始转型为购物平台，Wish 就以把自己打造成移动端购物门户 App（Application，应用软件）为目标，和其他平台的发展套路、流量来源及客户购物方式都有明显的区别。

虽然移动端购物为大势所趋，Wish 也正好抢得先机，但因为发展太快，后续服务跟不上，Wish 平台缺少主动营销的空间。当前，Wish 平台正在通过不断优化自己的物流系统等措施寻求对卖家公平和让消费者满意之间的平衡点。

通过以上分析，我们不难看出，每个跨境电商平台都各有优劣，每个跨境电商卖家在选择运营平台时，有必要结合自己的经验、偏好、资金和资源优势等要素，选择最适合的平台。

2.2.5 在亚马逊开店前必须了解的五大问题

凡事预则立，不预则废。在亚马逊开店前必须了解五大问题，以便后续运营顺利开展。

1. 目标市场和竞争环境

了解目标市场的需求和竞争情况是至关重要的。卖家需要研究其产品或服务在亚马逊平台上的竞争对手，以及他们的定价、品牌和销售策略。同时，了解目标市场的消费者特点、偏好和购买习惯也是必要的。

2. 产品选择和定位

卖家需要确定其在亚马逊上销售产品的种类，并明确定位。卖家需要考虑产品的品质、独特性、竞争力和可盈利性。同时，评估供应链和库存管理等方面的能力也是重要的。

3. 亚马逊平台和政策

了解亚马逊平台的运作方式、销售政策、费用结构和服务支持等内容非常重要。卖家需要了解亚马逊卖家中心的操作流程、产品上架要求、订单处理和物流配送等流程。

4. 营销和品牌建设

在亚马逊平台上成功销售需要良好的营销策略和品牌建设。卖家需要确定如何提高产品的可见性和曝光度，通过亚马逊广告、优化商品列表和参与促销活动等方式吸引目标客户。同时，通过提供卓越的客户服务和积极的用户评价来建立良好的品牌声誉。

5. 经营成本和利润预测

在开店之前，卖家需要仔细评估经营成本和利润预期，包括产品采购成本、亚马逊平台使用费、仓储和物流成本、市场推广费用等。同时，确保销售模式和定价策略可以覆盖所有成本，并获得合理的利润。

综上所述，目标市场、产品选择、亚马逊平台政策、营销策略和经营成本等五个方面是在亚马逊上开店之前必须考虑和了解的重要问题。

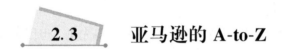

2.3 亚马逊的 A-to-Z

2.3.1 A-to-Z 的含义

A-to-Z 的全称是 Amazon A-to-Z Guarantee Claim，即亚马逊商城交易保障索赔，一般简称为 A-to-Z 或 A-to-Z 索赔。

亚马逊商城交易保障索赔政策是亚马逊对在亚马逊平台上购买商品的所有买家实施保护的政策。如果买家不满意第三方卖家销售的商品或服务，买家可以发起亚马逊商城交易保障索赔，保护自己的利益。

2.3.2 A-to-Z 的条件

A-to-Z 的条件有三个：

① 买家通过"我的账户"中"联系卖家"方式与卖家进行沟通。

② 买家等待卖家回复已超过 2 个工作日，但是卖家没有回复买家。

③ 买家的索赔要求必须符合亚马逊商城交易保障索赔的规定。

2.3.3 A-to-Z 的起因

1. 卖家产品原因

产品本身出现受损、存在缺陷、缺失零件等情况，或买家收到的商品与商品详情页面展示的商品存在重大差异。

2. 卖家物流原因

买家因为以下几种情况导致未收到订单而发起索赔，亚马逊将会受理：

① 卖家已经安排配送订单，但是买家没有收到订单包裹。

② 卖家提供追踪订单的追踪信息没有及时送达，比如快递单号表明商品预计会在某段时间到达，但实际上无法在预计或合理的时间内送达。

③ 商品通过自配送且显示已送达追踪信息，但买家声称未收到商品。亚马逊会联系买家确认是否收到订单商品。可能会有不同结果：

如果确认买家没有签收订单包裹，卖家存在无法控制的配送错误（如发错货或发错地址）问题，卖家需要承担未配送责任。

如果买家声称未收到商品，分两种情况：一种是签收确认姓名与买家姓名匹配，亚马逊将会驳回买家发起的索赔；另一种是签收确认姓名与买家姓名不符，亚马逊会驳回买家发起的索赔，并要求买家调查签署包裹的人。

如果货运代理人或买家代理人签收的包裹提出的索赔被驳回，但调查显示由于卖家原因导致买家收不到包裹，卖家需要承担责任。

④ 商品通过亚马逊物流（FBA）配送且有追踪信息，而买家称未收到订单商品并提出索赔，亚马逊将会自己承担责任，不会向卖家发送索赔通知。

3. 卖家售后原因

① 卖家未及时退款。卖家在买家申请退货后同意退款，却未在买家退货后将货款退给买家。

② 卖家拒绝了退货。卖家拒绝买家合理的、适用亚马逊退货政策的退货请求。

4. 买家自己原因

买家为了骗钱恶意索赔，有经验的骗子想要留下产品同时得到退款。这时，卖家的首要目标是将损失降到最低，争取让亚马逊支付退款，也可以试着从客户处拿回产品，或者试着通过折扣让客户保留产品。这样做既可以减少损失，又可以得到亚马逊体谅，避免亚马逊给店铺贴上不好的标签。

2.3.4 A-to-Z 的例外

当买家出现以下几种情况，亚马逊不会受理 A-to-Z 索赔申请：
① 买家在下单后默认用于卖家配货的 2 个工作日的时间内申请。
② 买家在订单快递单号显示预计不久即可送达的时间段里申请。
③ 卖家已退款给买家的情况下申请。
④ 买家声称已退回包裹但无法向卖家提供有效追踪号的情况下申请。

2.3.5 卖家对 A-to-Z 的处理

卖家处理 A-to-Z 时通常有以下几种情况：

① 主动检查。如有新增 A-to-Z Claim，亚马逊会发送通知到客服邮箱，卖家可以通过查收邮件了解情况。也可以主动登录亚马逊商家后台，在 Performance（业绩表现）下拉菜单查看是否有新增条款的消息。

② 及时回复。需要在条款开启 3 天内在亚马逊上跟进回复。如果卖家未在规定期

限内回复，买家将获得胜诉。平台会批准买家的索赔要求，直接退款给买家，同时会根据与卖家的协议，从卖家账户扣除全额索赔金额。

③ 联系买家。好好沟通，注意言辞，争取让买家撤回 A-to-Z。超过 3 天卖家再发起撤销，这单 A-to-Z 也会计入卖家 ODR（订单缺陷率）。在 A-to-Z 审核中如果言词表达不清或者逻辑出现不合，可能会造成店铺被关的严重后果。

④ 准备申诉。如果联系不到买家个人或者无法满足买家要求，买卖双方不能协商一致，就需要收集对自己有利的信息，准备申诉。向亚马逊递交申诉信，在申述信中卖家需提供订单详情、包裹追踪信息、买家沟通的记录、之前退回的部分货款和优惠信息等任何对我方有利的信息。申请亚马逊介入仲裁，在亚马逊发来的索赔邮件通知中，点击"Represent to Amazon"，申请亚马逊介入仲裁，上交收集好的信息。

2.3.6 A-to-Z 的结果

A-to-Z 的判定结果分以下两个类型：

① 卖家赢。亚马逊判定结果不影响账号评级，包括以下状态：Claim Closed、Claim Withdrawn。

② 买家赢。亚马逊判定结果将影响账号评级，包括以下状态：Order Refunded、Claim Granted（Seller Funded）。

2.3.7 A-to-Z 的影响

一旦 A-to-Z 索赔成立，会影响卖家的绩效指标中的订单缺陷率（ODR）以及完美订单（POP）的分数，对卖家的负面影响不容小觑。

假如卖家成交的订单本来就不多，就更要对此小心谨慎了。因为这种情况下，存在一两个 A-to-Z，账号会有被审核、冻结，甚至被关闭的风险。

本章小结

亚马逊平台是目前国际上跨境电商的头部平台之首，是我国商家开店、从事跨境电商经营的重点选择目标。本章首先介绍了商家在亚马逊平台注册开店的三种途径，介绍了亚马逊平台的优势和在全球站点的分布状况，分析了亚马逊平台的四大商业理念，特别总结了亚马逊平台是以品牌为主导的跨境电商平台特征，还对亚马逊跨境电商平台与国际上当前的主流跨境电商平台进行了比较。接着，分析了在亚马逊开店前必须了解的目标市场、产品选择、亚马逊平台政策、营销策略和经营成本等五个方面的问题，这些是在亚马逊上开店之前必须考虑和了解的重要问题,需要提前准备和规划。最后,介绍了亚马逊的 A-to-Z,即亚马逊商城交易保障索赔的主要内容,提出了商家应对索赔危机的态度和策略。学习本章读者可以对亚马逊跨境电商平台有较为清晰的了解。

跨境电商训练营

一、核心概念

跨境电商平台　亚马逊平台　亚马逊平台注册　亚马逊的 A-to-Z

二、同步练习

1. 亚马逊平台的优势有哪些?
2. 叙述亚马逊跨境电商平台的四大商业理念。
3. 简述亚马逊跨境电商平台的主要站点。
4. 简述亚马逊跨境电商平台 A-to-Z 的主要内容。

三、课外拓展

跨境电商平台的定义和功能

跨境电商平台是指为消费者和商家提供跨国界在线交易和营销服务的电商平台。它允许消费者在跨境交易中购买来自其他国家或地区的商品和服务,并为商家提供一个拓展市场和销售渠道的机会。

跨境电商平台的主要功能如下。

① 商品展示与销售:平台上展示各种跨境商品和服务的信息,包括图片、描述、定价等,并提供在线购买功能,便于消费者选择和购买。

② 支付与结算:通过支持不同国家货币的支付方式和支付渠道,确保在线支付的安全性和便捷性,并提供相应的结算服务。

③ 物流和配送:提供物流和配送服务,将跨境商品从卖家发货地点运送至买家所在国家或地区,确保商品能够及时、安全地交付给消费者。

④ 海关和清关:处理跨境交易中的海关手续、报关和清关事务,确保商品合法进出口,并满足相关国际贸易规范和要求。

⑤ 信任和安全保障:通过建立信任和评价机制,保护消费者权益,防止欺诈和假冒产品,提供售后服务和投诉解决机制。

⑥ 数据分析与市场洞察:通过数据分析和市场洞察,为商家提供关于目标市场和

消费者偏好的信息，帮助商家制定营销策略和决策。

跨境电商平台的发展为消费者带来了更多的选择，突破了地理和时间的限制，同时也为商家提供了拓展全球市场的机会。这些平台的出现和发展推动了全球贸易的增长和经济全球化的进程。

（资料来源：https://mp.weixin.qq.com/s?__biz=MzIwOTY5NDE5OA. 有改动）

问题：

1. 什么是跨境电商平台？

2. 跨境电商平台的功能有哪些？

3. 目前，国际主流跨境电商平台有哪些？和亚马逊跨境电商平台的运营理念有哪些差异？

第3章 全球速卖通跨境电商平台

【学习目标】

知识目标

- 了解商家在全球速卖通平台开店的流程。
- 理解全球速卖通平台的特点和功能。
- 掌握全球速卖通平台主要规则的核心内容条款。

能力目标

- 能够通过全球速卖通平台开店的流程进行模拟或者实际开店。
- 能够掌握全球速卖通平台的特点和功能，能够为商家开展跨境电商业务提供前期经营准备。
- 能够掌握全球速卖通平台的主要规则的核心内容条款，为商家建议提供支持和帮助。

素质目标

- 增强学生的合作意识，学习商家与全球速卖通平台合作出海开展跨境电商业务。
- 帮助学生掌握国际跨境电商主流平台——全球速卖通平台的特点、功能和核心规则的内容条款，为从事跨境电商业务打下厚实的基础。
- 培养学生理论与实践结合，引导学生学以致用，根据自己或者所在企业的实际情况，选择在全球速卖通电商平台注册开店，开展跨境电商经营。

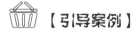

全球速卖通成功之道

电商业界人士对全球速卖通取得成功的原因进行了思考和总结，有以下几个公认的重要原因：

① 广阔的全球市场。全球速卖通是一个面向全球市场的跨境电商平台，拥有庞大的买家资源和全球化的服务网络。这使得卖家可以将产品直接推广和销售到全球各地，扩大市场份额。

② 高效的供应链管理。全球速卖通与许多物流公司合作，提供了全球化的仓储和物流配送服务。这使得卖家能够快速准时地将产品发送到全球各地的买家手中，确保高效的物流运作。

③ 强大的推广和营销工具。全球速卖通提供了多种营销工具和推广渠道，帮助卖家提升产品曝光度和销售额。例如，卖家可以通过付费广告、优惠券、折扣等方式吸引更多的买家。

④ 优质的客户服务。全球速卖通注重提供优质的客户服务，包括在线咨询、纠纷解决、售后服务等。这有助于建立信任和良好的用户体验，促进买家的回购和口碑传播。

⑤ 多元化的产品品类。全球速卖通涵盖了多种产品品类，包括服装、家居、电子产品、汽车配件等。这为卖家提供了广泛的选择空间，满足不同消费者群体的需求。

⑥ 提供多语种服务。全球速卖通支持多语种服务，为全球买家提供便利。这使得买家能够以自己熟悉的语言进行沟通和交易，降低语言障碍。

总而言之，全球速卖通的成功可以归结为其面向全球市场、高效的供应链管理、强大的推广和营销工具、优质的客户服务、多元化的产品品类及多语种服务等优势。这些特点使得全球速卖通成为全球跨境电商领域的领导者之一，并为卖家提供了一个实现全球化推广和销售的平台。

（资料来源：https://www.sohu.com/a/661006036_121430384. 有改动）

【案例思考】

成功不是单一因素的简单组合，而是系统化有效运作的结果。请以此观点讨论全球速卖通能够取得成功的原因。

3.1　如何在全球速卖通开店

跨境电商已成为连接世界的桥梁，而全球速卖通作为全球领先的跨境电商平台，为无数商家提供了宝贵的机会。全球速卖通是中国最大的跨境出口 B2C 平台之一，同时也是在俄罗斯、西班牙排名第一的电商网站。

在全球速卖通开店需要按照以下步骤进行：

① 注册全球速卖通账号。访问全球速卖通官方网站，在首页顶部右上角点击"注册"或类似按钮。然后，按照指引填写相关信息注册账号。卖家可以选择个人账户或企业账户，根据实际情况选择适合自己的类型。（注意：卖家需要提前准备好注册资料）

② 完善店铺信息。完成账号注册后，登录全球速卖通账号，并进入"我的速卖通"页面。然后，点击"我的店铺"，在此处完善店铺信息，包括店铺名称、主营产品、联系方式等。要确保这些基本信息准确无误。

③ 添加商品。在全球速卖通上开店的核心是添加和展示商品。卖家可以使用全球速卖通的卖家中心或其他工具（如Excel模板）来批量上传和管理商品。在卖家中心，选择"我的商品"，然后根据提示添加商品信息，包括标题、描述、价格、图片等。确保商品信息详细、准确、吸引人，并遵循速卖通的规定。

④ 设置价格和运费。在商品信息设置完毕后，卖家需要考虑产品成本、竞争市场价格和物流运输等因素，制定合理的价格策略和运费政策。

⑤ 选择发货方式和物流服务。全球速卖通提供了多种发货方式和物流服务选择。根据你的需求和商品特性，选择适合的发货方式，如海运、空运、快递等，并根据运输距离和时效要求选择相应的物流服务。

⑥ 设定支付方式。全球速卖通支持多种支付方式，包括信用卡、电汇等。卖家可以根据自己的需求和便捷性，选择适合的支付方式，并设置相应的支付账户。

⑦ 推广和营销。开店后，卖家需要进行推广和营销，吸引更多的买家关注和购买商品。速卖通提供了一些推广工具，如优惠券、促销活动等。卖家还可以利用社交媒体、广告等渠道来提升店铺曝光度和销售量。

⑧ 提供客户服务。为了提供良好的客户体验，卖家需要及时回复买家的咨询和问题，并处理售后服务。确保提供专业、友好和高效的客户服务，以建立良好的信誉和口碑。

以上是在全球速卖通开店的基本步骤。记住，在开店前要对目标市场和竞争环境进行充分调研和准备，制定合适的销售策略和计划。同时，了解速卖通平台的规定和政策，遵循其规则，以确保顺利经营和交易。

3.2 全球速卖通详情介绍

卖家在开展全球速卖通平台的相关工作时，首先要了解该平台的发展现状和平台特点，明确这个平台是否适合自己进行商品销售工作。下面从全球速卖通平台的发展、特点和功能几个方面进行介绍。

3.2.1 全球速卖通的发展

全球速卖通被广大卖家称为"国际版淘宝",于2010年4月正式上线。全球速卖通平台是阿里巴巴面向全球买家的线上交易平台。

全球速卖通之所以被广大卖家称为"国际版淘宝",是因为它的运营模式与淘宝相同,卖家将各种各样的商品编辑成在线信息,通过平台展示到境外的各个国家和地区。境外买家下单后,平台卖家就可以通过跨境物流将商品运输到买家手上,从而与全球多个国家和地区的买家达成交易。自2010年上线以后,全球速卖通平台已经覆盖190多个国家和地区的买家,支持世界18种语言,境外成交的买家数量突破1.5亿。

在全球速卖通平台上,目前销量较好的行业有20多个,包括服装、珠宝首饰、鞋包、手表、手机通信、消费电子、电子化办公、安防、汽车摩托配件、家居园艺、灯具照明、美容健康等。

3.2.2 全球速卖通的特点

全球速卖通平台的特点,主要体现为以下两个方面:

① 入驻门槛低。全球速卖通平台的入驻门槛较低。它对卖家没有企业组织形式与资金的限制,公司或个体工商户都可以在平台上发布商品。卖家在发布10个商品之后,就可以在平台上成立自己的店铺,然后可以直接面向全球190多个国家和地区的买家推广商品。

② 交易流程简便。全球速卖通的另一大特点就是交易程序非常简便。在该平台上,有许多优质的物流供应商入驻。出口报关、进口报关由全球速卖通上的物流供应商操作完成。买卖双方的订单生成、发货、收货、支付等过程全在线上完成。双方的操作模式近似于国内的淘宝平台,非常简便。

3.2.3 全球速卖通的功能

全球速卖通致力于为全球买家和卖家提供在线交易和贸易服务。下面详细介绍速卖通的功能:

① 全球市场覆盖。全球速卖通连接了全球数百个国家和地区的买家和卖家,为用户提供了一个全球化的贸易平台。买家可以从世界各地寻找优质的供应商和产品,而卖家可以将产品推广到全球市场。

② 多样化的商品种类。在全球速卖通上,你几乎可以找到任何行业和领域的商品。无论你是寻找原材料、成品产品、机械设备,还是寻找服装、配饰等,全球速卖通都可以提供广泛的商品选择,几乎涵盖各个行业。

③ 系列供应链服务。作为一个B2C电商平台,全球速卖通不仅提供商品展示和交

易功能，还提供了一系列供应链服务。这包括海运、空运、快递等物流服务，以及仓储、清关、报关等物流配套服务，帮助买家和卖家更便捷地进行货物运输和交付。

④ 定制化需求服务。全球速卖通支持定制化需求，满足买家对于个性化产品和服务的需求。卖家可以根据买家的需求进行产品定制、包装定制等，为买家提供定制化解决方案。

⑤ 交易保障机制。全球速卖通提供了安全的交易保障机制，保护买家和卖家的权益。这包括先进的风控系统和支付保证，确保交易的安全性和可靠性。

⑥ 多语言和文化支持。全球速卖通支持多种语言和货币，为全球用户提供便捷的交流和交易环境。同时，全球速卖通也提供了专业的客户服务团队，可以帮助用户解决问题和处理投诉。

⑦ 营销和推广工具。全球速卖通提供了多种营销和推广工具，帮助卖家提升产品曝光度和销售量。这包括优惠券、促销活动、目标客户定位等，用于吸引买家和提高转化率。

⑧ 买家评价和反馈。全球速卖通提供了买家评价和反馈系统，帮助买家查看和评估卖家的信誉和产品质量。这有助于建立良好的信任关系，增加购买的可信度和可靠性。

总的来说，全球速卖通是一个全球化的 B2C 电商平台，连接了全球买家和卖家。它提供全球市场覆盖、多样化的商品种类、系列供应链服务、定制化需求服务、交易保障机制、多语言和文化支持、营销和推广工具，以及买家评价和反馈等功能，为用户提供便捷、安全、可靠的在线交易和贸易服务。

3.3 全球速卖通相关规则

为了维护平台秩序，保障卖家权益及买家利益，全球速卖通平台制定了一系列的规则。卖家在注册平台账户前需要了解的规则，主要包括基础规则、禁限售规则、招商规则、知识产权规则和营销规则。因为基础规则、禁限售规则、招商规则、知识产权规则和营销规则涉及的具体内容较多，所以这里只对这几种规则的部分内容进行介绍，卖家在实际运营推广中可以到全球速卖通的官方网站查看所有规则的内容。

3.3.1 基础规则

在全球速卖通的基础规则中，需要卖家重点了解的有注册规则、认证规则、开通店铺规则。

1. 注册规则

注册规则包括但不限于以下内容：

① 卖家在全球速卖通所使用的邮箱不得包含违反国家法律法规、涉嫌侵犯他人权利或干扰全球速卖通运营秩序的相关信息，否则全球速卖通有权要求卖家更换相关信息。

② 卖家在全球速卖通注册使用的邮箱、联系信息等必须属于卖家授权，代表本人，全球速卖通有权对该邮箱进行验证，否则全球速卖通有权拒绝提供服务。

③ 卖家有义务妥善保管账号的访问权限。账号下（包括但不限于卖家在账号下开设的子账号内的）所有的操作及经营活动均视为卖家的行为。

④ 全球速卖通有权终止、收回未通过身份认证或者一年内连续 180 天未登录全球速卖通或 Trade Manager（贸易通，阿里巴巴网上即时通信软件）的账户。

⑤ 卖家在全球速卖通的账户因严重违规被关闭，不得再重新注册账户；如被发现重新注册了账号，全球速卖通有权立即停止服务、关闭卖家账户。

⑥ 全球速卖通的会员 ID 在账号注册后由系统自动分配，不可修改。

2. 认证规则

认证规则包括但不限于以下内容：

① 全球速卖通平台接受依法注册并正常存续的个体工商户或公司开店，并且有权对卖家的主体状态进行核查、认证，包括但不限于委托支付宝进行实名认证。通过支付宝进行实名认证的卖家在对全球速卖通账号与支付宝账户进行绑定的过程中，应提供真实有效的法定代表人的姓名、身份信息、联系地址、注册地址、营业执照等信息。

② 完成认证的卖家不得在全球速卖通注册或使用买家账户，若全球速卖通有合理依据怀疑卖家以任何方式在全球速卖通注册买家账户，则有权立即关闭买家会员账户，且对卖家依据本规则进行市场管理。对于情节严重的，全球速卖通有权立即停止对卖家的服务。

3. 开通店铺规则

开通店铺规则包括但不限于以下内容：

① 卖家（无论是个体工商户还是公司）应依法设置收款账户。应按照卖家规则提供保证金或缴纳履约保证金；未完成资金缴纳的卖家不得开始线上销售。

② 卖家同意就每个开设的店铺，按入驻的类目（经营大类）在其指定的支付宝账号内缴存资金，并由支付宝冻结作为平台规则的履约保证金。如果卖家的店铺入驻多个类目，而卖家规则无其他规定，则该店铺卖家应缴纳多个类目中金额要求最高的保证金。各个类目的保证金为 1~5 万元。

③ 完成认证和入驻操作的卖家主动退出全球速卖通平台、不再经营的，平台将停止卖家账号下的类目服务权限（包括但不限于收回站内信、已完结订单留言功能及店铺

首页功能等)、停止店铺访问支持。若卖家在平台停止经营超过一年的(无论账号是否使用),平台有权关闭该账号。

全球速卖通平台明确规定了一些禁限售商品包括但不限于毒品、易制毒化学品及毒品工具、危险化学品、枪支弹药、管制器具、军警用品、危害国家安全及包含侮辱性信息的商品等。

在全球速卖通的规则中对于其他的禁限售商品类型也有明确的规定,这里不再一一赘述。

3.3.2 禁限售规则

全球速卖通的禁限售规则主要包括以下几个方面:

① 知识产权侵权产品。全球速卖通禁止销售侵犯他人知识产权的产品,如盗版商品、仿制品、未经授权的品牌商品等。这包括知名品牌的假冒产品、受版权保护的商品、专利产品等。

② 违禁品。全球速卖通禁止销售违禁品,如毒品、仿制药品、武器、危险化学品、爆炸品、假币、赌博器具等。这些商品违反国家法律法规,因此在全球速卖通平台上是被禁止的。

③ 未经许可的商品。全球速卖通禁止销售需要特殊许可或批准的商品,如处方药、医疗器械、食品和饮料等。这些商品需要符合特定的法规和标准,需要经过相关部门的批准和认证。

④ 违反出口限制的商品。全球速卖通禁止销售违反国际出口限制的商品,如军事装备、受贸易限制的商品、特定国家的禁运商品等。这些商品可能受到国际贸易法规的限制和管制。

⑤ 禁止销售的商品。全球速卖通禁止销售一些特定类型的商品,包括违禁品(如烟草制品、赌博设备)、危险品(如化学品、爆炸品)等。

⑥ 广告规范。全球速卖通对广告行为有一定的规定,禁止虚假宣传、欺诈行为和侵犯竞争对手权益的广告。

⑦ 黑名单制度。全球速卖通会对违反平台规则的卖家采取相应的处罚,包括警告、限制销售、暂时封号等,严重情况下可能会永久封号。

以上就是全球速卖通的禁限售规则的主要内容,卖家在全球速卖通上需要遵守这些规则,以保证平台的合规性和避免违规行为的发生。

平台禁止发布任何含有或指向性描述禁限售的信息。对于任何违反本规则的行为,平台有权依据《阿里巴巴速卖通的禁限售规则》进行处罚。用户不得通过任何方式规避平台发布的禁售商品管理规定及公告规定内容,否则可能将被加重处罚。

其恶意违规行为包括采用对商品信息隐藏、遮挡、模糊处理等隐匿的手段,采用暗示性描述或故意通过模糊描述、错放类目等方式规避监控规则，发布大量违禁商品，重复上传违规信息，恶意测试规则等行为。对于恶意违规行为将视情节的严重性做加重处罚处置，如一般违规处罚翻倍，达到严重违规程度将关闭账号。知识产权禁限售违规将累计积分，积分累积到一定分值，将执行账号处罚。

3.3.3 招商规则

在招商规则中，全球速卖通明确规定了一些对于卖家品牌和店铺的规则，其中卖家最需要了解的是全球速卖通平台的店铺销售计划，该计划与亚马逊平台的店铺销售计划（专业销售账户和个人销售账户）相似。全球速卖通有两种销售计划类型：标准销售计划和基础销售计划，一个店铺只能选择一种销售计划类型。

全球速卖通卖家应向平台承诺并保证，在申请入驻及后续经营阶段向平台提供的所有信息（包括但不限于公司注册文件、商标注册文件、授权文件、公司及法人代表相关信息等）准确、真实、有效并且是最新版本，否则平台有权随时终止或拒绝卖家的入驻申请。在完成入驻流程后发现卖家违反规则的，平台有权基于根本性违约取消卖家账号并停止服务，平台也会将该卖家列入非诚信客户名单，拒绝在未来提供其他服务。卖家按照招商流程进行账户的类目权限申请时，一次可申请开通 1 个店铺账户，一个企业下最多可申请开通 6 个全球速卖通店铺账户。为避免歧义，卖家在系统内开设的子账户不属于此处所指的"账户"，不计入 6 个店铺账户的额度。子账户所有行为按其对应的店铺账户受本规则、卖家服务协议及平台规则调整。

3.3.4 知识产权规则

全球速卖通平台是严格禁止卖家发布和出售没有经过授权的第三方知识产权的商品或信息，但凡卖家发布、销售涉嫌侵犯第三方知识产权的商品或信息，就有可能会被知识产权的所有人或者是买受人提起申诉，平台也会随机抽查商品的信息和商品的类别有没有涉及侵权，一旦被发现有侵权行为就会受到相对应的处罚。

全球速卖通平台知识产权具体规则要点列示如下：

① 全球速卖通平台会根据所投诉侵权货物的国家，按照当地有关规定对销售者进行相对应的处罚。

② 如果在同一天内有多次违规或者是侵犯版权的投诉，平台的处罚累计不得超过 6 分，简单来说一天最多只会扣除 6 分。

③ 在同一天内，如果确定有非常严重的侵权行为，只需进行一次违规计算。具体处罚方式可以咨询平台，平台能够给出非常简单明了的处罚说明。

④ 平台有权利对卖方的违规商品或者违规行为进行处罚。

⑤ 每次的违规行为会从处罚当天起 365 天之内有效。

⑥ 当侵权的情况特别严重的时候，全球速卖通平台是可以单方面取消卖家的所有协议，直接关闭卖家的账号，并且可以酌情对其关联的所有账户进行判断，采取合适的措施来维护买家和权利持有人的合法权益或者是平台的正常商业秩序。除了可以关闭卖家的账户，还可以直接冻结卖家的国际支付宝账户和销售账户的资金，从而确保买家或者权利人的合法权益得到保护。

⑦ 平台保留上述措施的最终解释权和决定权，并且保留与此有关的一切权利。

⑧ 在本规则之中，中文和非中文版本如果有出入，以中文版本为主。

3.3.5 营销规则

为了促进卖家成长，增加更多的交易机会，在平台定期或不定期组织卖家的促销活动以及卖家自主进行的促销活动中，卖家应当遵守相应规则。卖家在全球速卖通平台上的交易情况需满足以下条件，才有权申请加入平台组织的促销活动。

1. 有交易记录的卖家

有交易记录的卖家，需满足如下条件：

① 好评率＞90％。

② 店铺 DSR（卖家服务评级系统）商品描述平均分＞4.5。

③ 全球速卖通平台对特定促销活动设定的其他条件。

上述的好评率、店铺 DSR 商品描述平均分非固定值，对于不同类目、特定活动或遇到不可抗力事件影响时，会适当进行调整。

2. 无交易记录的卖家

无交易记录的卖家由全球速卖通平台根据实际活动需求和商品特征制定具体卖家准入标准。卖家在促销活动中发生违规行为的，全球速卖通平台有权根据违规情节，禁止或限制卖家参加平台各类活动，情节严重的，全球速卖通平台有权对卖家账号进行冻结、关闭或采取其他限制措施。

对于平台活动和卖家自主促销活动中的卖家的违规行为，平台有权根据活动细则或具体情况进行违规处理。如果卖家在促销活动中的行为违反本规则其他规定或其他网站规则，平台会根据相应规则进行处罚。平台保留变更促销活动规则并根据具体促销活动发布单行规则的权利。若卖家因为一些不可抗力的因素（如地震、洪水等）导致无法参加促销活动的情况属实，平台会根据情况特殊处理。团购活动规则在遵循促销活动规则基础上，同时需要遵循团购规则。

本章小结

  阿里巴巴旗下的全球速卖通平台是当前国际上的重要主流跨境电商平台之一,是我国商家出海国际市场的主要平台。本章介绍了商家在全球速卖通平台注册开店的流程,全球速卖通的基本状况、特点和功能,重点讲解了全球速卖通的重要规则如基础规则(包括注册规则、认证规则和开通店铺规则)、禁限售规则、招商规则、知识产权规则、营销规则等内容条款。卖家只有熟悉掌握平台规则,才能更好地开展国际市场营销活动。

跨境电商训练营

一、核心概念

全球速卖通平台 全球速卖通平台注册 全球速卖通平台规则

二、同步练习

1. 在全球速卖通开店需要进行哪些步骤?
2. 简述全球速卖通的功能。
3. 简述全球速卖通基础规则的主要内容。
4. 简述全球速卖通禁限售规则的主要内容。
5. 简述全球速卖通知识产权规则的主要内容。
6. 简述全球速卖通营销规则的主要内容。

三、课外拓展

全球速卖通跨境电商平台推动企业跨境出口

  全球速卖通推动了企业开展跨境电商出口业务,以下是一些成功案例。
  ① MOFT(摩尔法)。MOFT 是一家总部位于苏州的创新科技公司,专注于设计和制造便携式笔记本电脑支架。通过全球速卖通,MOFT 取得了全球范围内的成功。公司利用全球速卖通的全球买家资源和物流配送服务,将产品销售到美国、欧洲、澳大利亚等地,迅速赢得了国际市场的认可。

② Novalia（交互式新闻纸）。Novalia 是一家苏州的创新企业，专注于开发交互式印刷技术。通过全球速卖通，Novalia 将其创新产品推广到全球市场，与全球买家建立合作关系。公司成功进入北美、欧洲、亚洲等区域，为世界各地的消费者带来了独特的互动体验。

③ CIT Electronics（关西电子）。CIT Electronics 是苏州的一家电子产品制造商。公司通过全球速卖通将产品销售到全球市场，并与全球买家建立了长期的合作关系。充分利用全球速卖通提供的全球化推广工具和客户服务，取得了在国际市场上的竞争优势。

④ Smart Meat（聪明的肉）。Smart Meat 是苏州的一家人造肉企业，通过全球速卖通成功拓展了海外市场。Smart Meat 借助全球速卖通的全球渠道和海外仓储服务，将其创新的人造肉产品推向全球，满足了全球范围内不同地区的消费者需求。

⑤ Edifier（漫步者）。Edifier 是中国的一家知名音响品牌，通过全球速卖通成功进入全球市场。Edifier 通过全球速卖通的海外仓服务，使其产品能够快速准时地寄送到全球各地，实现了高效的物流配送。

⑥ Ulefone（欧乐风）。Ulefone 是一个专注于智能手机和智能穿戴设备的中国品牌。Ulefone 通过全球速卖通将产品销售到全球各地，利用全球速卖通的推广工具和海外仓储服务，扩大了品牌的知名度，提高了销售额。

⑦ Sun Founder（桑凡德）。Sun Founder 是一家专注于开源硬件和 STEM 教育的中国企业。该企业通过全球速卖通打开了全球市场，并与全球众多教育机构和个人客户建立了合作关系，推动了产品的销售和教育市场的发展。

这些案例展示了全球速卖通作为跨境电商平台的潜力和优势。通过全球速卖通，中国的企业可以直接接触全球市场，扩大销售渠道，提升品牌知名度，并与全球买家建立长期合作关系。

这些案例展示了全球速卖通在跨境电商出口中的成功之处。全球速卖通提供了强大的全球化平台和服务，为企业打开了全球市场，帮助它们实现海外销售并与全球买家建立合作关系。请注意，以上案例仅作为示例，虽然具有代表性，但不代表所有使用全球速卖通的企业。每个企业都有其独特的市场策略和商业模式，因此结果可能有所不同。

（资料来源：苏州黑马网络科技有限公司提供，已授权可公开）

问题：

1. 为什么企业在进行跨境电商出口时，会采用英语名称？这样做有什么好处？
2. 谈谈全球速卖通在你家所在地的运营状况。

跨 境 电 商

第4章　苏州黑马跨境电商平台

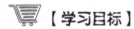【学习目标】

知识目标
- 了解跨境电商一站式服务的内容。
- 能够描述商家如何享有跨境电商一站式服务。
- 了解苏州黑马跨境电商平台的规则。

能力目标
- 掌握跨境电商一站式服务的概念。
- 能够掌握苏州黑马跨境电商平台的运作模式。
- 能够理解跨境电商第三方服务平台的重要性。

素质目标
- 拓宽学生的国际经济视野，培养学生积极参与全球化市场的商务活动的意识。
- 帮助学生掌握与苏州黑马跨境电商平台进行合作的规则。
- 能够让学生认识在经济全球化进程中，商家利用跨境电商第三方服务平台的优势，体会借船出海、互利共赢的好处。

【引导案例】

苏州跨境电商，下一个创业的蓝海！

在全球电商市场的迅猛发展下，跨境电商成为热门行业，吸引了越来越多的投资者和创业者。随着全球化和互联网技术的快速发展，跨境电商已成为下一个创业蓝海。通过掌握专业知识和技巧，你将有机会开启财富之门，成为创业者里的佼佼者。

1. 跨境电商创业机会及好处

① 全球化市场机遇。跨境电商使得企业能够直接触达全球消费者，大大拓宽了市

场空间。通过跨境电商平台，中小企业和个人都能轻松开展国际贸易。

② 高速发展前景。跨境电商行业正处于快速发展阶段，预计未来几年将持续增长。这意味着现在进入这个领域，你将有更多机会分享行业发展的红利。

③ 创业门槛低。与传统的外贸业务相比，跨境电商创业门槛相对较低。你可以以较小的投入，快速进入市场并开始运营。

④ 自由度高。跨境电商创业模式灵活，对时间和地点的要求不高，你可以根据自身情况自由安排工作时间和地点。

⑤ 政策支持。政府对跨境电商行业给予了政策支持和税收优惠，这将有助于你在创业初期降低成本。

2. 掌握技巧，开启财富之门

① 熟悉跨境电商平台。了解并熟悉主流的跨境电商平台，如亚马逊、eBay、全球速卖通等，了解平台的规则和政策，以便更好地开展业务。

② 精准选品。学会挑选有市场潜力的产品，结合消费者的需求和购买习惯，提供独特的产品和服务，以满足市场需求。

③ 优化供应链。与可靠的供应商建立稳定的合作关系，确保产品质量和及时发货。同时，学会合理控制库存，避免积压和滞销。

④ 高效营销。运用社交媒体、搜索引擎优化（SEO）、广告投放等多元化的营销手段，提高产品的曝光度和知名度。

⑤ 提供优质客户服务。良好的服务能够提升客户满意度和忠诚度。你需要学会与不同国家和地区的客户沟通交流，解决他们在购物过程中遇到的问题。

⑥ 数据分析与优化。关注业务数据并及时进行分析，找出不足之处并进行优化。通过数据分析，你可以更好地了解市场需求和消费者行为，为业务决策提供有力支持。

⑦ 关注政策和法规。跨境电商涉及不同国家和地区的政策和法规，你需要时刻关注这些变化，以便及时调整业务策略。

3. 专业性提升与实现创业梦想

① 持续学习与提升。跨境电商行业知识更新迅速，你需要不断学习和提升自己的专业素养。参加行业培训、研讨会和线上课程，了解最新的市场动态和行业趋势。

② 树立专业形象。在创业过程中，树立专业的品牌形象至关重要。设计简洁大气的网站、优质的包装和产品图片等，都能提升消费者对产品的信任感和购买欲望。

③ 拓展人脉资源。积极参加行业活动和社交场合，结交更多的同行和合作伙伴。通过建立广泛的人脉资源，你将有更多机会获取优质的供应链资源、拓展市场渠道及获取政策支持等。

④ 搭建团队。随着业务的发展壮大，你需要搭建一个高效的团队，招募具有专业技能和经验的成员，共同推动业务的发展。同时，团队之间的协作与沟通也至关重要。

⑤ 寻求合作伙伴。为了扩大市场份额和提高竞争力，你可以考虑与其他跨境电商企业或传统企业合作，共同开发新产品、拓展市场渠道等。这种合作模式有助于实现资源共享和互利共赢。

⑥ 法律与风险防范。创业过程中要注重法律风险防范与合规经营。了解相关法律法规及国际贸易规则，防范知识产权侵权、关税壁垒等问题。同时要建立健全的合同管理制度，明确各方的权利和义务，避免可能出现的纠纷。在选品采购时，要谨慎选择可靠的供应商，避免出现产品质量问题，导致退货退款等损失，影响店铺运营。加强知识产权保护意识，及时注册商标专利等，保护自身合法权益免受不法侵害。在营销推广方面，要遵守平台规则与推广政策，切勿违规操作，导致封号、封店等损失。加强广告投放效果评估，定期分析广告数据，及时调整优化广告策略，提高 ROI（投资回报率）。在物流配送方面，要选择可靠的物流服务商，确保货物及时准确地送达客户手中，提高客户满意度，降低退货风险。在资金管理方面，要合理安排资金使用，确保供应链畅通无阻，及时支付货款，提高资金周转率，降低财务风险。

总之，通过掌握专业知识和技巧，创业者提升综合素质和能力水平，将有助于自身在跨境电商领域成功开启财富之门，实现创业梦想。在这个充满机遇与挑战的时代里，让我们一起努力成为行业的佼佼者！

4. 苏州跨境电商培训市场状况

苏州地处长江三角洲，制造业发达、物流通畅，是国家经济最活跃的中心区之一。在苏州，有许多机构提供全球速卖通、亚马逊等主流平台跨境电商培训服务，以下是一些常见的培训机构。

① 阿里巴巴集团。阿里巴巴集团作为全球速卖通的母公司，提供了一些全球速卖通培训课程和资源，帮助企业学习和了解全球速卖通的使用方法和技巧。

② 江苏省跨境电商人才培养中心。该中心旨在提高江苏省跨境电商企业和从业人员的技能水平，为其提供专业的培训和教育支持。

③ 常熟理工学院商学院电商产业园。产业园在校内开展跨境电商人员创业培训，让大学生尽快走上就业和创业的道路。

④ 跨境电商协会。苏州市内一些跨境电商协会或商会会定期举办跨境电商培训班和研讨会。

⑤ 苏州黑马网络科技有限公司。作为常熟阿里巴巴跨境电商中心当地的服务商，主要承担电商平台载体建设及阿里巴巴在当地跨境电商平台的销售和服务，负责当地跨境电商生态体系构建和维护，为外贸跨境电商提供综合解决方案。从人员招聘输入市场、业务团队技能培养、平台端获取订单的能力到物流解决方案，其提供多维度深层次的服务，致力于打造好当地跨境电商生态系统。

⑥ 专业咨询公司。一些专业的跨境电商咨询公司与全球速卖通平台有合作关系，

它们可能提供全球速卖通培训课程和咨询服务，帮助企业建立和扩展在全球速卖通上的业务。

（资料来源：根据苏州黑马网络科技有限公司培训宣传资料编写）

【案例思考】

1. 进行跨境电商创业是不是一个好的选择？
2. 进行跨境电商创业是否需要学习和接受培训？

4.1 如何享有跨境电商一站式服务

在全球化的今天，越来越多的企业和品牌希望将业务扩展到国外市场，把握更广阔的商机，而跨境电商正是连接国内与国外市场的重要桥梁。但跨境电商并不是简单地将产品放到海外平台上，它涉及的市场调研、品牌建设、物流、税务等问题，都需要依据专业知识来解决。因此，选择一个能够为卖家提供一站式服务的跨境电商合作伙伴显得尤为重要。

4.1.1 跨境电商的难点

跨境电商的难点，体现在以下几个方面。

1. 语言和文化差异

跨境电商涉及不同国家和地区的消费者，由于语言和文化差异，跨境电商企业需要面对不同市场的消费者需求、消费习惯、审美观念等方面的差异。这要求跨境电商企业不仅要具备多语言能力，还要对不同市场有深入的了解和洞察，以便更好地满足当地消费者的需求。

2. 法律法规和政策限制

不同国家和地区的法律法规和政策存在差异，企业在跨境电商中需要遵守的规则更为复杂。如果跨境电商企业对相关法律法规和政策不了解或理解不透彻，很容易触犯规定，导致跨境电商业务受到限制甚至被叫停。

3. 物流和配送难度

跨境电商涉及跨国物流和配送，与国内电商相比，物流和配送的难度更大。不同国家和地区的物流体系和配送方式存在差异，跨境电商企业需要选择合适的物流合作伙伴，并建立完善的配送体系，以确保商品能够及时、安全地送达消费者手中。

4. 货币和支付差异

跨境电商涉及不同国家和地区的货币和支付方式，跨境电商企业需要了解并适应不同市场的支付习惯和规则。同时，由于汇率波动和支付周期的不同，跨境电商企业还需要具备风险控制能力，以应对可能出现的货币和支付风险。

5. 竞争激烈

跨境电商市场的竞争非常激烈，跨境电商企业需要面对来自国内外的竞争对手，要想在跨境电商市场中脱颖而出，跨境电商企业需要具备品牌优势、产品创新能力和市场洞察力等多方面的核心竞争力。

基于以上跨境电商的困难，跨境电商一站式服务行业应运而生。跨境电商一站式服务作为解决跨境电商痛点的有效手段，为广大商家提供了便捷、高效的解决方案。

4.1.2 跨境电商一站式服务

1. 跨境电商一站式服务的概念

跨境电商一站式服务是指提供跨境电商运营所需的全方位、全流程的服务。这样的服务旨在帮助企业从零开始，无缝地实现跨境电商的全球化拓展，涉及多个环节和领域，包括市场研究、品牌建设、产品选定、供应链管理、国际物流、支付结算、市场推广和售后服务等。

2. 跨境电商一站式服务的内容

① 市场研究和策划。通过深入分析目标市场的消费者需求、竞争环境和法规政策等，为企业制定全球拓展战略和市场计划。

② 供应链管理。帮助企业选择合适的供应商和生产商，确保供应链的高效运作，包括产品采购、质量管理、库存管理等。

③ 国际物流和仓储服务。提供全球范围内的物流运输和仓储解决方案，确保产品能够快速、安全地送达全球买家手中。

④ 跨境支付和结算。协助企业建立安全、高效的跨境支付系统，处理国际交易的结算和退款等问题。

⑤ 市场推广和品牌建设。利用全球化的数字营销手段，包括社交媒体、搜索引擎优化、付费广告等，提升品牌知名度和产品曝光度。

⑥ 售后服务和客户支持。提供全球范围内的客户支持，包括订单处理、退换货服务、投诉解决等，确保客户满意度和忠诚度。

跨境电商一站式服务的目标是为企业提供整合性的解决方案，简化运营流程，降低跨境经营的风险和成本。企业可以根据自身需求选择合适的服务提供商，让企业客户专注于核心业务，快速进入全球市场并取得成功。

需要注意的是，不同的服务提供商可能提供不同的服务范围和方案，因此在选择时需要根据企业特点和需求进行评估和比较，以确保选择最适合的一站式服务伙伴。

3. 跨境电商一站式服务在全球贸易中的重要作用

① 降低贸易壁垒。跨境电商一站式服务可以帮助商家快速、便捷地完成各项贸易

流程，减少贸易壁垒，提高交易效率。

② 提高贸易便利化程度。通过提供一站式服务，跨境电商可以简化贸易手续，提高贸易便利化程度，为商家创造更多贸易机会。

③ 推动全球贸易多元化。跨境电商一站式服务为各类商家提供了便捷的国际贸易渠道，使得全球贸易更加多元化、普及化。

④ 促进全球贸易平衡。跨境电商一站式服务有助于我国企业走向全球，参与国际竞争，提高我国在全球贸易中的地位，促进全球贸易平衡。

4．跨境电商一站式服务的发展趋势及面临的挑战

① 跨境电商一站式服务的发展趋势。随着跨境电商市场的不断壮大，一站式服务将越来越受到商家的青睐。未来，跨境电商一站式服务将向着更加智能化、个性化的方向发展，为商家提供更高效、更便捷的服务。

② 跨境电商一站式服务面临的挑战。跨境电商一站式服务面临着市场竞争激烈、服务同质化、技术更新快速等挑战。为应对这些挑战，跨境电商一站式服务平台需要不断创新服务模式，提升服务质量，提高核心竞争力。

总之，跨境电商一站式服务作为解决跨境电商痛点的有效手段，在全球贸易中发挥着重要作用。随着跨境电商市场的不断发展，一站式服务将面临更多的机遇与挑战。只有不断创新、提升服务质量的平台，才能在激烈的市场竞争中脱颖而出，为全球贸易发展贡献力量。

4.1.3 如何享有跨境电商一站式服务

要享有跨境电商一站式服务，需要考虑以下步骤：

① 确定业务需求。首先要明确自己的跨境电商业务需求，包括产品类型、市场选择、运营策略等。

② 寻找合适的供应链合作伙伴。跨境电商需要一个可靠的供应链体系，寻找与自身业务匹配的供应商或合作伙伴，确保产品的质量和交货时间。

③ 注册公司并办理相关手续。根据当地的法律法规，注册一个合法的公司，并办理相关的跨境贸易许可证、税务登记等手续。

④ 构建电商平台。选择一个适合你业务模式的电商平台，可以是自建平台或借助第三方平台，如全球速卖通、亚马逊等。

⑤ 进行市场调研和产品定位。了解目标市场的需求和竞争情况，确定自己的产品定位和市场推广策略。

⑥ 商品上架和运营管理。根据市场需求和竞争情况，选择合适的商品上架，并进行价格调整、促销活动、售后服务等运营管理工作。

⑦ 营销和推广。通过多种渠道进行市场推广，包括社交媒体、搜索引擎优化、线

下活动等，吸引潜在客户并提高品牌知名度。

⑧ 物流和配送。选择合适的物流合作伙伴，确保商品能够在规定时间内安全送达客户手中，并提供良好的物流追踪服务。

⑨ 进行数据分析和改进。利用跨境电商平台提供的数据分析工具，收集和分析销售数据，及时调整运营策略和产品定位。

⑩ 客户关系管理。建立有效的客户关系管理系统，与客户保持良好的沟通和互动，提供优质的售前和售后服务。

通过以上步骤，卖家可以获得一站式的跨境电商服务，从产品选定到市场推广、销售和售后服务，实现整个业务流程的顺利进行。

 苏州黑马网络科技有限公司简介

苏州黑马网络科技有限公司（以下简称"苏州黑马"）成立于2017年4月1日，注册地位于江苏省常熟市。经营范围包括：从事网络科技、计算机软件科技领域内的技术开发、技术转让、技术咨询和技术服务；网页设计、制作；计算机维修；计算机网络工程施工；办公设备、电子产品、体育用品、文化用品、五金机电、机电设备、通信设备及相关产品、计算机软硬件及辅助设备、日用百货的销售。

苏州黑马作为常熟阿里巴巴跨境电商中心当地的服务商，主要承担电商平台载体建设及阿里巴巴在当地跨境电商平台的销售和服务，负责当地跨境电商生态体系构建和维护，为外贸跨境电商提供综合解决方案，从人员招聘输入市场、业务团队技能培养、平台端获取订单的能力到物流解决方案，提供多维度深层次的服务，致力于打造好当地跨境电商生态系统。

苏州黑马的跨境服务中心的建筑面积超过10 000平方米，目前入驻电商企业家数达24家，服务于当地856家跨境电商企业，帮助当地400家客户外贸破"0"，未来将帮助更多的企业走向海外市场。比如，云鹄瑶光外贸第一年达到1 000万美金出口额。目前，苏州黑马所服务的客户出口额达8.7亿美元，一年开展近100场培训，培训人数超过5 800人，激活了当地市场的基层；其人才双选会每月举办1场，为常熟当地输送跨境电商人才约450名；其获得各体系认证的培训，带领常熟500家企业到外地游学，结合阿里巴巴专业优势，致力于提升当地企业的核心竞争力，让世界爱上常熟外贸。

苏州黑马长期坚持走跨境电商培训之路，先后与常熟理工学院进行合作校地培养、校企联合培养，走出了一条跨境电商企业培训之路、个人创业跨境电商之路，受到常熟政府、企业和高校的肯定。苏州本地代表性客户业绩展示：

(1) 苏州市冠华纸品厂

① 业务方案组成：金品 + 直通车 + 问鼎 + RFQ（报价请求）。

② 平台总投入约 100 万元，共 2 个平台。

③ 月询盘 1 700 余条。

④ 2022 年外贸销售额达 5 000 多万元。

(2) 江苏永沃温室设备有限公司

① 业务方案组成：金品 + 直通车 + RFQ。

② 平台总投入约 50 万元，共 4 个平台。

③ 月询盘 1 000 余条。

④ 2022 年外贸销售额达 1 亿元。

此外，还有许多常熟本地企业也通过和苏州黑马合作，利用阿里巴巴及旗下平台实现顺利出海。

4.3 苏州黑马跨境电商平台主要规则

4.3.1 苏州黑马跨境电商平台主要规则

苏州黑马跨境电商平台即苏州黑马跨境电商一站式服务平台，其规则主要包括以下几个方面：

① 合作协议。服务提供商和客户之间会签署合作协议，明确双方的权责和合作细则，包括服务内容、价格、服务期限等。

② 服务内容。一站式服务通常涵盖前期人员培训、市场分析、产品定位、供应链管理、电商平台搭建或者平台选择、营销推广、物流配送等一系列环节配套投资和培训，此为核心规则。

③ 数据安全和保密。服务提供商会对客户的数据进行保密，并采取必要措施确保数据的安全性。

④ 服务费用和结算。客户需要按照合同约定支付一站式服务的费用，并约定好结算方式和周期。

⑤ 变更和解约。双方在合作过程中，可能会根据实际情况需要进行变更或解约，需要事先约定相应的具体内容。

⑥ 知识产权。在一站式服务过程中产生的知识产权归属问题，需要明确约定，确保双方的合法权益。

⑦ 服务期限和终止。明确合作期限的设定及双方终止合作的条件和程序。

以上是在一般情况下，苏州黑马跨境电商一站式服务涉及的基本规则。具体规则可能因不同客户而有所不同，建议在与服务提供商进行合作前与公司沟通进行详细了解，以确保双方在合作中达成共识并遵守规则。

4.3.2　苏州黑马跨境电商平台核心规则：服务内容解析

1. 从"0-1"全链路的成长扶持

苏州黑马向签约客户推出从"0-1"全链路的成长扶持措施，跨境电商成长链路如图4-1所示。

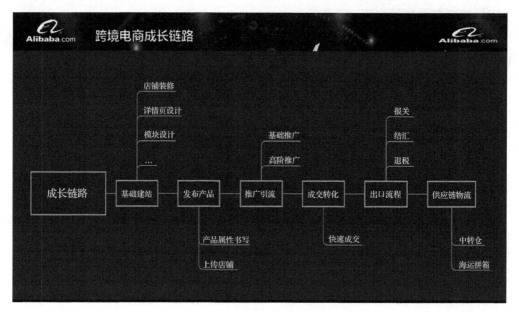

图4-1　跨境电商成长链路图

（资料来源：苏州黑马网络科技有限公司提供，已授权可公开）

从图4-1跨境电商成长链路图中可以看出，苏州黑马向签约客户推出跨境电商成长链路主路径是：基础建站（店铺装修、详情页设计、模块设计等）—发布产品（产品属性书写、上传店铺）—推广引流（基础推广、高阶推广）—成交转化（快速成交）—出口流程（报关、结汇、退税）—供应链物流（中转仓、海运拼箱）。

通过这个过程的扶持，客户会走上出海经商的快车道。

2. 实现沟通体验升级

苏州黑马通过三种技术手段实现沟通体验升级：

① 视频看厂看货。

② 适时翻译。

③ 沟通即配制。

扶持目标是提供更加简单、便利及符合外贸场景需求的沟通功能。

3. 推出阿里巴巴无忧起航2.0服务包（表4-1，表4-2）

表4-1 阿里巴巴无忧起航2.0服务包内容一

服务板块	服务项目	服务内容	数量
基础建站	产品详情页	根据客户提供的主营产品，制作产品详情页一份	1份
	产品主图处理	6款产品主图图片处理	36张
	规格化产品发布或RTS产品发布（RTS产品发布仅限数字化招商商家）	1. 关键词词表建立：根据客户提供的产品，通过阿里数据管家热搜等渠道，建立主要关键词表，关键词数量不少于30个，并用文档形式提供给商家 2. 标题制作：无关键词重复，语法正确，符合官方产品发布要求 3. 产品详情页编辑：类目、标题、属性、价格、最小起订量、物流信息、完成的产品特点介绍，以及成功发布规格化/RTS商品（含基础信息、交易信息、物流信息、商品信息）100个	100个
基础培训	基础入门培训（官方统一线上提供）	1. My Alibaba基础操作 2. P4P基础操作 3. 规格化产品/RTS产品发布 4. 阿里后台数据分析诊断	4类
交付标准		1. 客户确认网站详情页无误后，协助完成上传 2. 100个规格化商品/RTS商品发布完成；产品信息质量分≥4.8分为精品产品，精品产品率达到100%及以上 3. 自资料对接齐全15天内完成	

（资料来源：苏州黑马网络科技有限公司提供，已授权可公开）

阿里巴巴无忧起航2.0服务包的主要内容如下：

① 基础建站。内容包括规格化产品/RTS（指可以直接发货进入快速交易模式）产品发布、旺铺装修、主图处理等。

② 基础培训。内容包括基础入门培训，如My Alibaba基础操作、P4P（外贸直通车）基础操作、规格化产品/RTS产品发布和阿里后台数据分析诊断等内容。

③ 推广引流。内容包括站内引流，通过关键词搜索、促销活动等方式吸引消费者访问店铺，而站外推广则通过社交媒体营销等手段扩大品牌影响力。

④ 交付标准。内容涵盖从订单处理到售后服务的一系列流程，确保交易的高效完成和买家满意度。同时，遵守国家和平台的相关标准和规范也是保证交易顺利进行的关键。通过这些内容的实施，能够有效推进客户企业的跨境出海。

表 4-2 阿里巴巴无忧起航 2.0 服务包内容二

服务板块	服务项目		服务内容	数量
基础建站	旺铺装修	定制首页	店招	1 张
			导航栏	1 张
			企业优势展示板块	√
			产品展示板块	√
			视频展示板块	√
			证书展示模块	√
			主打（热销）产品板块	1 张
			主营产品海报板块	√
			橱窗产品展示板块	√
			TM 在线沟通板块	√
			多国语言模块栏	√
		产品详情页	详情页模块	1 套
	产品发布	关键词	关键词搜索整理	√
			不同渠道关键词拓展	站内站外 2 条
		发布产品	发布 4.8 分产品	200 个
			图片制作（提供符合要求的图片）	20 款
			优化原有产品质量分	√
			多语言产品分布	√
推广引流	顶级展位	秒杀词	关注秒杀词，协助购买	√
	橱窗	橱窗产品	橱窗产品设置及优化	√
		行业热词	行业热词排名进入前三页	80%
	P4P	关键词	P4P 关键词整理	√
			P4P 关键词添加	√
			P4P 关键词分组	√
		优化提升	P4P 优化推广设置	√
			P4P 关键词竞价	√
			P4P 核心关键词筛选	√
			P4P 预算控制	√
			P4P 协助橱窗自然优化	√
后期优化			曝光提升	√
			点击提升	√
			反馈提升	√
			定期数据反馈	1 周
			业务端日常维护工作指导	√

续表

服务板块	服务项目	服务内容	数量
培训指导		橱窗优化培训	√
		P4P打造爆款培训	√
		金品店铺专属培训	√
联合办公		企业对接1对1专业辅导	√
团队打造		人才输送	√

注:"√"表示有该项服务,具体数量视情况而定。

(资料来源:苏州黑马网络科技有限公司提供,已授权可公开)

4. 新店服务方案

第1~3个月:店铺搭建(包含产品上新)。

第4个月:直通车引流+产品调整——精准询盘拉近,为了更好地转化订单,让店铺动起来。

第5个月:站内营销——活动报名、场景排名、直通车营销来访老客等。

第6个月:打造几个爆品,在前三页有自然排名。

第7个月:开始打造实力优品。

第8个月:以打造爆品为核心进行优化。

第9个月:潜力品、实力优品、爆品达到规则范围,争取在前两页有排名。

第10个月:配合订单,询盘达到行业优秀上下。

第11~12个月:配合订单、直通车等工具,产品在首页有排名。

5. 老店优化提升

第1~3个月:店铺有曝光,点击,转化,询盘,包含TM(即时通信软件)破"0"。

第4个月:询盘(包含TM)达到行业平均值。

第5个月:配合订单,在部分场景有排名和展现。

第6个月:询盘有明显的提升。

第7个月:询盘更精准,买家标签是我们想要占领的市场。

第8个月:基于前几个月数据,订单有明显的增长。

第9个月:订单到达行业水平状况。

第10个月:询盘达到行业优秀上下。

第11~12个月:询盘转化率提升至行业优秀。

本章小结

跨境电商并不是简单地将产品放到跨境电商平台上进行售卖，它涉及市场、品牌、物流、税务、结算等难点问题，选择能够提供一站式服务的跨境电商合作伙伴显得尤为重要。

本章介绍了跨境电商一站式服务的概念和内容，揭示了其重要性，介绍了跨境电商一站式服务平台——苏州黑马网络科技有限公司的基本情况，讲解了该公司的服务规则条款和成功案例，以期更多的企业借助第三方跨境电商一站式服务平台获得"出海"的机会，并且获得良好的经济效益。

跨境电商训练营

一、核心概念

跨境电商一站式服务 苏州黑马跨境电商平台主要规则 阿里巴巴无忧起航 2.0 服务包

二、同步练习

1. 跨境电商的难点表现在哪些方面？
2. 跨境电商一站式服务的内容有哪些？
3. 如何享有跨境电商一站式服务？
4. 简述苏州黑马跨境电商平台核心规则中的服务内容。
5. 简述阿里巴巴无忧起航 2.0 服务包的主要内容。

三、课外拓展

苏州市冠华纸品厂借苏州黑马成功出海

苏州市冠华纸品厂（以下简称"冠华纸品"）成立于 2003 年，坐落在风景秀丽的历史文化名城——苏州，如今已发展成为拥有自营进出口权的纸品生产企业。冠华纸品秉承"科技提速，效率办公，服务跟进，概念建立"的经营理念，走出了一条概念化经营之路。良好的商誉，加之长期以来同许多国内大型原纸制造商保持着友好的业务合作关系，使得冠华纸品在选购原纸方面博采众长。同时凭借高新的技术力量、稳定的产品质量、完善的服务体系，冠华纸品锐意进取，不断深化改革，业务发展迅猛。

从 2019 开始，该公司开始寻找进入国际市场的途径和方法，尝试开展跨境电商业务，于是选择在阿里巴巴旗下平台全球速卖通注册开店。由于公司没有相关国际市场运营经验，缺乏专业的国际市场运营人才，公司管理层甚至还把跨境电商业务想得很简单，于是在经营过程中遇到了许多问题，在市场调研、销售促进、品牌建设、物流、税务、汇率结算等方面都遇到了难题，需要专业知识来解决。此外，公司海外销售业绩也一直表现平平。所有这些让公司管理层非常痛苦。

2021 年，苏州黑马深入企业开展跨境电商业务促进宣传推介工作，与冠华纸品达成合作协议，主要框架内容如下：

① 业务方案组成：金品＋直通车＋问鼎＋RFQ。
② 平台总投入约 100 万元，共 2 个平台。
③ 月询盘 1 700 余条。
④ 2022 年外贸销售额 5 000 余万元。

随后，苏州黑马向签约客户派出技术和商务服务团队，为冠华纸品推出跨境电商成长链路主路径：基础建站（店铺装修、详情页设计、模块设计等）—发布产品（产品属性书写、上传店铺）—推广引流（基础推广、高阶推广）—成交转化（快速成交）—出口流程（报关、结汇、退税）—供应链物流（中转仓、海运拼箱）。

通过这个过程的扶持，冠华纸品走上出海经商的快车道，产品成为国际市场的热销品，公司海外销售业绩大幅增加，公司管理层喜出望外。

（资料来源：苏州黑马网络科技有限公司提供，已授权可公开）

问题：
1. 冠华纸品独立从事跨境电商业务，为什么会遇到困难？
2. 冠华纸品通过与苏州黑马合作，获得了哪些服务？

跨境电商

第5章　跨境电商中的 AI 翻译应用

【学习目标】

知识目标
- 了解主要的三种 AI 翻译人类自然语言的方法。
- 掌握页面在线智能翻译及功能支持的内容。
- 掌握智能翻译机和功能支持的内容。

能力目标
- 掌握基于规则的机器翻译的基本原理。
- 掌握基于实例的机器翻译方法的基本原理。
- 能够了解基于统计的翻译方法的不足之处。

素质目标
- 拓宽学生的科技视野，培养学生注意 AI 在商务活动的应用状况。
- 帮助学生掌握智能翻译衍生品的最新应用，做到与时俱进。
- 能够引导学生学以致用，利用 AI 完成一些跨境电商经营中的翻译任务。

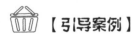【引导案例】

用 AI，在跨境电商行业快速盈利

人工智能正迅速改变着跨境电商领域，为创业者和企业带来快速盈利的机会。

在新技术的推动下，"团长联盟"创始人董振国展开了一场跨境电商与 AI（Artificial Intelligence，人工智能）的探索之旅。他的团队曾因使用外国真人模特的照片而面临法律纠纷，现在能够便捷地使用 AI 一键生成产品图片，避免了烦恼。AI 翻译能够有效解决语言的问题，此外，AI 还能帮助批量制作产品详情页，使商家能更迅速地推出

新产品。AI 也在产品创新中发挥重要作用，通过分析爆款产品的特征，能够帮助商家创造更符合市场需求的新品。董振国的经验表明，AI 不仅提高了生产效率，还加速了盈利。他带的一个初中生使用 AI 辅助，短时间即可制作出专业物料帮助产品上架，销售额在一个月内达到了 10 万美元。

2022 年 12 月，为了解决员工不懂如何使用 ChatGPT（Open AI 发布的聊天机器人模型）的问题，董振国只用了一整晚的时间，就创建了一款完整的产品——名为跨境电商 AI 助手的网站。这个网站整合了大模型的接口，还提供了自动翻译的 AI 网址导航。董振国强调，这个网站并没有进行技术上的优化，而是设定了符合行业要求的提示词（Prompt）。他坚称这个网站只是为了自用，认为用 AI 做产品的商业模式不具备长远可行性，模型不属于自己，容易被他人模仿，门槛很低。尽管如此，在跨境电商圈内，这个产品还是获得了很多同行的认可，每天吸引了超过 200 个独立 IP 的访问，数千名用户按点数续费，董振国笑称，"不小心也盈利了"。

目前，董振国正在根据同行的建议，对网站内容进行优化，最近还推出了自动聊单功能。而这也是大模型时代垂类应用产品的重要特点之一，即必须深入了解特定行业，才能开发出符合特定需求的产品。董振国透露，在 OpenAI 崭露头角之前，很多跨境电商公司已经开始在 AI 领域投入大量技术资源，包括大数据赋能生产。跨境电商领域上市公司华凯易佰也聘用了众多清华统计学博士，他们在 AI 领域研究多年，并将其应用于生产。他提到一个来自河南的团队，以搜索引擎优化为出发点，早早开始使用 OpenAI 分析广告，实现精准投放，该团队十几人一年的电子产品销售额超过 1 亿美元。

董振国在去年 11 月的一条小红书视频中，分享了有关 AI 的见解，结果同行们"找上门来"，抱怨他透露了"行业机密"。董振国认为，大模型的强大翻译能力将深刻改变行业。一旦语言能力不再是跨境电商的障碍，整个行业的格局将会发生重大变化。届时，跨境电商的商业详情页质量将大幅提高，中国的优质产品将更容易被国际市场了解和接受。

另外，很多公司通过用户使用 AI 产品来收集用户数据，建立专属数据库，并探索将其销售给大模型公司。不过，董振国对此不以为意。他指出调用 API 接口留存数据需要成本，而且产品数据在平台上可以直接查看，因此数据留存并不是必需的。

（资料来源：https://www.zhihu.com/question/597628411/answer/3205439697．有改动）

【案例思考】

1. 随着 AI 的产生和快速发展，跨境电商行业开始了 AI 的应用，相关机构是怎么借此赚钱的？

2. 谈谈你对 AI 的认识和看法。

5.1 AI 翻译人类自然语言的三种主要方法

在跨境电商活动中，因为涉及不同国家/地区的语言差异而存在交流问题，由此产生了对不同语言翻译的需求。人工智能（Artificial Intelligence，AI）的快速发展，可以有效解决这个语言交流障碍问题。人工智能翻译是一种利用机器学习和自然语言处理技术，将一种语言的文本或口语转化为另一种语言的技术，它能够快速准确地将不同语言之间的信息进行转换，从而实现跨语言的交流。AI 主要用以下三种方法进行翻译：基于规则的机器翻译方法、基于实例的机器翻译方法、基于统计的翻译方法。

5.1.1 基于规则的机器翻译方法

机器翻译（Machine Translation，MT）是用计算机把一种语言（Source Language，源语言）翻译成另一种语言（Target Language，目标语言）的学科和技术。基于规则的机器翻译（Rule-Based Machine Translation）是指利用语言学规则和词典完成翻译的机器翻译技术，简称 RBMT。其资料储备库是由词典内容和规则库构成的，是一种通过计算得出的语言成果。

基于规则的机器翻译最早出现在 20 世纪 70 年代初期，此类机器翻译的代表有 1970 年乔治城大学研制的第一代自动翻译系统 Svstran 和 20 世纪 80 年代欧共体赞助设计的多语翻译系统 Eurotra。典型的基于规则的机器翻译方法包括转化法（Transfer-Based）、中间语法（Interlingual）以及辞典（Dictionary-Based）机器翻译。语言学规则模块主要包括源语言词法分析器、源语言句法分析器、源语言语义分析器、转换器、目标语言词法生成器等目标语言句法分析器。词典可以分为源语言单语词典、目标语言单语词典和双语词典。

机译系统是随着语料学产生并发展的，大多数机译系统采用的是基于规则而实现翻译的策略。通过对原语言进行拆解、分析，经过 AI 对双方语言的资料储备库的转换，实现目标语言翻译的目的。这种方法的优点是可以依据规则进行精准的翻译，但是需要消耗大量的时间和精力来建立这些规则，而且规则的制定容易受到语言的不确定性的影响，因此效果并不是很理想。基于规则的机器翻译具有可解释性、形态准确性的优势，因此在特定领域表现不错，但明显的不足是需要大量的专业人力。同时，针对不同语种的表示方式差异性较大，很难用统一的规则进行转换，跨领域效果不好且难以迁移。因此，基于规则的机器翻译已被摒弃，但其思想值得借鉴，如基于中间语言的机器翻译。同时，在形态层面、句法层面甚至语义层面的表征方面成果还被继续使用。

1957年，美国学者英格维（V. Yingve）在《句法翻译的框架》（*Framework for Syntactic Translation*）一文中提出了对源语言和目标语言均进行适当描述、把翻译机制与语法分开、用规则描述语法的实现思想，这就是基于规则的机器翻译方法。基于规则的机器翻译过程分成六个步骤：

① 对源语言句子进行词法分析。

② 对源语言句子进行句法/语义分析。

③ 源语言句子结构到译文结构的转换。

④ 译文句法结构生成。

⑤ 源语言词汇到译文词汇的转换。

⑥ 译文词法选择与生成。

由于基于规则的机器翻译方法执行过程为"独立分析—独立生成—相关转换"，此方法又被称为基于转换的机器翻译方法。

基于规则的机器翻译方法是一种传统的机器翻译方法，它使用人工编写的规则和语法知识来进行翻译。这些规则可以包括语法规则、词汇表、短语翻译规则等。下面以中英文示例来说明该方法的工作原理。

假设我们有一个简单的规则，将中文中的动词转换为英文中的对应词性的词汇。

规则：将中文动词加上英文词性。

"吃"→"eat"（将中文动词转换为英文的对应动词）

"跑"→"run"（将中文动词转换为英文的对应动词）

现在我们要将句子"我喜欢吃水果"翻译成英文。

a. 先将句子分词：["我" "喜欢" "吃" "水果"]。

b. 针对每个词，根据规则进行翻译。

"我"→"I"（不需要翻译）

"喜欢"→"like"（将中文动词"喜欢"翻译为英文"like"）

"吃"→"eat"（根据规则，将中文动词"吃"翻译为英文"eat"）

"水果"→"fruit"（不需要翻译）

c. 将翻译结果组合成英文句子："I like eat fruit."。

d. 进行后处理和调整。

调整动词形式："I like eat"→"I like to eat"。

最终得到翻译结果："I like to eat fruit."。

这只是一个简单的示例，实际的基于规则的机器翻译系统会使用更复杂的规则和语法知识，以及大量的词汇和短语翻译规则。然而，基于规则的机器翻译方法存在一些限制，如覆盖范围较窄、规则编写需耗费大量人力和时间等。因此，在现代机器翻译中，常使用基于数据驱动的方法，如统计机器翻译和神经机器翻译。

5.1.2 基于实例的机器翻译方法

基于实例（Case-Based）的机器翻译方法，其翻译性能依赖实例库的质量，机器采用片段化方式储存翻译实例，并在实例库中储存更多语法和语义信息，以此提高实例翻译的准确性。但由于将原始语言同时进行分词、词性标注和句法分析的预处理，导致任务间存在错误的迭代传递，从而影响结构化实例的准确性和可靠性。

基于实例的机器翻译方法基于已有的翻译实例来进行翻译。下面以一个例子来说明这个方法。

假设我们有一个翻译实例库，其中包含一些从中文到英文的翻译实例。

实例1

中文句子："我喜欢吃水果。"

对应的英文句子："I like to eat fruit."。

实例2

中文句子："我要去公园。"

对应的英文句子："I want to go to the park."。

现在我们要将句子"我喜欢喝咖啡。"翻译成英文，但是我们在实例库中找不到对应的翻译实例。

a. 先将句子分词：["我""喜欢""喝""咖啡"]。

b. 寻找与每个词最相似的翻译实例。

"我"→"I"（根据实例1，"我"对应"I"）

"喜欢"→"like"（根据实例1，"喜欢"对应"like"）

"喝"→"drink"（根据实例1，"喝"对应"drink"）

"咖啡"→"coffee"（根据实例1，"咖啡"对应"coffee"）

c. 将翻译结果组合成英文句子："I like drink coffee."。

d. 进行后处理和调整。

调整动词形式："I like drink."→"I like to drink."。

最终得到翻译结果："I like to drink coffee."。

基于实例的机器翻译方法，通过已有的翻译实例来生成翻译，避免过多依赖规则或大规模的训练数据。它可以适应不同领域和句型的翻译，并能处理一些复杂的翻译现象。然而，它也存在一些限制，例如需要大量的实例库并且不能处理未见过的翻译情况。因此，在现代的机器翻译中，通常会结合基于实例的方法和其他方法，如统计机器翻译或神经机器翻译，以提高翻译的准确性。

5.1.3 基于统计的翻译方法

基于统计（Statistics-Based）的翻译方法是将原语言的单词、短语的全部可能翻译结果进行汇总,然后在庞大的语料库中进行搜索,统计每种结果出现的概率,将概率最高的翻译结果进行输出,以此实现翻译目的。这种方法较基于规则的翻译方法效果更好,同时对语料库的依赖性较大。

具体而言,基于统计的机器翻译方法首先要建立一个双语语料库,该语料库包含源语言和目标语言之间的对应句子。然后通过对语料库的统计分析,计算源语言和目标语言的词汇、短语和句法结构之间的概率分布。

在翻译时,基于统计的机器翻译方法会根据这些概率分布选择最可能的翻译。例如,假设我们要将英文句子"I love you"翻译成中文,基于统计的机器翻译方法可能会根据语料库中的统计信息得出最可能的翻译结果"我爱你"。

需要注意的是,基于统计的机器翻译方法可能会存在一些问题,如对严格规则的依赖性较强、对低频词的处理不足等。因此,近年来神经机器翻译等基于神经网络的方法逐渐取代了基于统计的机器翻译方法,以取得更好的翻译效果。

5.2 页面在线智能翻译及其功能支持

随着电商环境的不断发展,电商服务的消费者不再局限于国内,与国外的商贸联系也日趋紧密。为了更好地改善全球化电商环境,利用现在的翻译网页进行不同语言间的翻译,就可以轻松实现与国外客户的交流,而且相比人工翻译效率高、成本低。巧妙利用翻译工具,会帮助商家更好、更轻松地完成工作。常见的页面在线智能翻译主要有以下几个品牌:Google Translate(谷歌翻译)、有道翻译和百度翻译等。下面分别介绍其功能支持。

5.2.1 Google Translate

Google Translate 是谷歌公司提供的一项免费翻译服务,可提供 80 种语言之间的即时翻译,支持任意两种语言之间的字词、句子和网页翻译。通过在经过人工翻译的文档中检测各种模式,进行合理猜测,即可得出适当的翻译结果。

5.2.2 有道翻译

有道词典是网易有道出品的全球首款基于搜索引擎技术的全能免费语言翻译软件。通过独创的网络释义功能,有道词典轻松囊括互联网上的流行词汇与海量例句,并完整收录《柯林斯高级英汉双解词典》《21 世纪大英汉词典》等多部权威词典数据,结合丰富的原声视频音频例句,覆盖 3 700 万词条和 2 300 万海量例句。网页版有道翻译还支持中、英、日、韩、法、西、俄七种语言互译。

5.2.3 百度翻译

百度翻译是百度发布的在线翻译服务,依托互联网数据资源和自然语言处理技术优势,致力于帮助用户跨越语言鸿沟,方便快捷地获取信息和服务。

5.3 智能翻译机及其功能支持

随着智能翻译行业的不断发展,各个智能翻译公司不断推出翻译产品。除翻译网页和翻译软件外,智能翻译机也成为一种很好的选择。相比传统的翻译网页和软件,智能翻译机携带方便、使用简单、可以进行口语即时翻译,并储备有离线翻译功能,在没有网络的环境下也可以使用,满足不同翻译的需要。

5.3.1 讯飞翻译机及其功能支持

讯飞翻译机产品系列是采用科大讯飞核心人工智能技术的翻译产品,是科大讯飞继具备离线翻译功能的晓译翻译机之后,推出的新一代人工智能翻译产品,支持多语种翻译、行业 AI 翻译、方言翻译等多种功能。

5.3.2 百度共享 Wi-Fi 翻译机及其功能支持

百度共享 Wi-Fi(无线通信技术)翻译机是一款可以连接 Wi-Fi 通信的便携式智能硬件,能够帮助用户进行便捷的多语言实时语音翻译,并且自带全球超过 80 个国家的移动数据流量,可以为手机、电脑等设备提供上网服务。百度共享 Wi-Fi 翻译机的功能特点主要如下。

1. 一键翻译,自动识别语种

百度共享 Wi-Fi 翻译机支持中、英、日等多种语言。在对话时,用户只需要选定互译语言种类(如中英模式),按住翻译键,翻译机就会智能识别输入语言的语种,并自动输出对应语种的翻译结果。

传统的翻译机需要通过不同的按键选择中英模式或英中模式,操作繁琐,容易混淆,百度的这款翻译机重新定义了翻译机的操作模式。这一技术突破将人们从语种选择中解放出来,大大提升了效率,使得智能翻译机正式告别了两键翻译时代。

2. 自带 80 多个国家的网络流量,可作为 Wi-Fi 热点

传统的翻译机联网方式则较为烦琐,需要通过插 SIM(Subscriber Identity Module,

用户识别）卡连接网络，或者通过下载 App 配对并接入现有的 Wi-Fi 网络来获得网络连接。

百度共享 Wi-Fi 翻译机自带全球 80 多个国家的移动数据流量，开机后便可自动连接 4G 网络，并且可为用户的手机、电脑等其他设备提供上网服务，可同时接入 5 台设备，方便与朋友共享网络。

3．语音指令操作系统，设置便捷

百度共享 Wi-Fi 翻译机采用了语音指令操作系统，用于翻译机功能的设置，智能便捷。

5.3.3 网易有道翻译蛋及其功能支持

翻译蛋是网易有道出品的支持中、英、日、韩、俄、泰等 27 种语言互译的翻译机。机身线条流畅，椭圆形机身取代了一般数码产品的圆头设计。翻译蛋机身尺寸为 47.5 厘米×115 厘米，轻薄小巧，仅重 65 克，相当于一颗鸡蛋的重量，方便携带，可以随时揣在兜里，并具备超长待机功能。

5.3.4 搜狗翻译机及其功能支持

搜狗翻译机外形如普通手机，是在搜狗庞大的数据收集基础上诞生的语言翻译技术，支持包括中文在内的 24 种语言互译，匹配有大触摸屏幕，背部有高清摄像头，具备手机的大部分功能。

5.4 智能翻译其他衍生品及其功能支持

除了上面的页面在线智能翻译和智能翻译机外，还有智能翻译的衍生品。下面是几款在市场上比较受欢迎的智能翻译的衍生品。

5.4.1 魔芋 AI 翻译机

魔芋 AI 翻译机是小米有品推出的一款翻译产品，以价格便宜、性价比高的优点得到年轻人好评，支持 14 种语言互译，并搭载了小米人工智能助手小爱同学，具有一键听音乐、查汇率、听新闻、问天气、听电台、学英语等功能。

5.4.2 无线智能翻译音响

无线智能翻译音响是一款在室内、车内等封闭环境下使用的翻译产品，匹配有高保真音响,具有高质量的音乐效果。

5.4.3 阿里巴巴的AI翻译

阿里巴巴的AI翻译是专业服务于全球电商领域的一款产品。背靠阿里巴巴积累的庞大的电商领域数据,形成了目前最大、质量最好的跨境电商语料数据库,是专业应用于电商垂直领域的产品。

阿里巴巴的AI翻译实现了跨境电商买家和卖家零时差、零延时交易沟通,在遇到打错字的现象时,还会自动校正,准确翻译给对方用户。

本章小结

在跨境电商活动中,人们首先面临的是语言交流障碍的问题,于是,AI在跨境电商翻译应用中应运而生。本章介绍了AI翻译人类自然语言的三种主要方法、页面在线智能翻译及其功能支持、智能翻译机及其功能支持,以及智能翻译其他衍生品及其功能支持的相关内容。在跨境电商活动中使用AI翻译,可以为交易各方当事人提供更多的便利,更有利于跨境电商的发展。随着人工智能技术的进步,AI在跨境电商领域的应用将大放光彩。

跨境电商训练营

一、核心概念

AI　人工智能翻译　页面在线智能翻译　基于规则的机器翻译方法　基于实例的机器翻译方法　基于统计的翻译方法　智能翻译机　智能翻译其他衍生品　机器翻译

二、同步练习

1. 了解AI翻译人类自然语言的三种主要方法。
2. 简述页面在线智能翻译及其功能支持。
3. 简述智能翻译机及其功能支持。
4. 简述智能翻译其他衍生品及其功能支持。

三、实操题

将下面的一篇文章分别复制到Google Translate、有道翻译和百度翻译进行页面在线智能翻译，比较其翻译的差异。

与跨境电商代运营公司合作会有哪些好处

随着近几年跨境电商的快速发展，越来越多的人对跨境电商市场前景表现出了看好的态度，许多传统企业也纷纷涉足海外电商市场。然而，由于对跨境规则和跨境操作缺乏了解，这些企业实现转型变得十分困难，因此许多传统企业选择与跨境电商代运营公司合作，以能够更快地实现盈利。下面一起来了解一下与跨境电商代运营公司合作会有哪些好处。

1. 确保店铺的稳定发展

将店铺管理权移到跨境电商代运营公司手中，跨境电商代运营公司配备了专业的运营团队，可以从多个方面解决店铺存在的问题，并为店铺服务，确保店铺能够稳定发展，保持良好的销售状态。

2. 确立正确的定位

卖家在注册店铺时常常需要选择店铺的定位，但这种定位不一定是最好的。如果卖家因为缺乏经验而选择了错误的定位，那么整个操作过程就会变得非常困难。与跨境电商代运营公司合作，跨境代运营团队可以在运营过程中确定店铺定位的可行性，帮助卖家及时调整定位策略，进一步提升销售效果。

3. 提供学习机会

对于缺乏经验的卖家来说，与跨境电商代运营公司合作不仅能够提供开店的机会，更是一种学习机会。在早期阶段，卖家可以学习跨境运营的相关知识，并且从与跨境电商代运营的沟通中学习到很多实操技巧，不仅可以帮助卖家更好地经营店铺，还可以为未来的生意做更好的准备。

以上介绍的就是与跨境电商代运营公司合作的好处。总而言之，跨境电商是一种国际化商业活动，除了需要考虑电商平台的规则外，还要考虑货物运往海外的物流问题。对于许多国内企业来说，如果主动进入跨境电商平台运营，和跨境电商代运营公司合作，则能够帮助企业节省人力和时间，并获得更多实际操作的经验。因此，与跨境电商代运营公司合作可以带来的好处和便利是非常显著的。

（资料来源：https://global.lianlianpay.com/article_tools/18-71755.html，有改动）

四、课外拓展

AI 科技工具与跨境电商：重塑全球贸易的未来

1. 引言

随着科技的飞速发展，AI 已经成为我们生活中不可或缺的一部分。与此同时，跨境电商也正在改变全球贸易的格局。AI 科技工具与跨境电商的结合，为全球贸易带来了前所未有的机遇和挑战。本文将探讨这两者如何共同塑造全球贸易的未来。

2. AI科技工具在跨境电商中的应用

① 客服。AI智能客服能够提供24小时不间断的服务，快速回应消费者的问题，提高客户满意度。例如，阿里的AI客服在2022年"双十一"期间，为数百万消费者提供了咨询服务。

② 商品推荐。AI技术可以根据消费者的购物历史、喜好等信息，为他们推荐最合适的商品。例如，亚马逊的推荐算法已经成为其核心竞争力之一。

③ 物流。AI技术能够优化物流路线，提高物流效率，降低物流成本。例如，顺丰快递运用AI技术实现了快递路线的实时优化。

④ 产品图片制作。产品视频、产品图片都可以通过AI生成。AI可以为我们设计完美的产品展示图，白底图的背景图替换，甚至是模特生成都变得非常简单。以前做跨境电商需要找外国的模特，拍摄专业的照片，人力成本非常大，现在AI可以轻松解决这个问题。即便是付费试用，成本也是远远低于以前。

⑤ 产品信息编写。上架产品信息太多，写产品标题和描述已经写得麻木。可以通过ChatGPT来进行编写。输入产品关键词，直接生成产品标题和描述，并且可以直接翻译成对应站点的语言直接应用，或者修改后应用。

⑥ 品牌Logo（标识）制作。品牌出海当然需要有自己的品牌，需要设计一个必不可少的品牌Logo。现在不需要找人专门设计，AI就可以根据简单的设计信息，设计出来令人满意的多个Logo供选择。

3. AI科技工具对跨境电商的影响

① 提高效率。AI科技工具能够大幅提高跨境电商的运营效率，降低成本，提高利润。

② 增强竞争力。AI科技工具能够帮助跨境电商企业更好地理解消费者需求，提供个性化的服务，从而提高竞争力。

③ 降低门槛。AI科技工具降低了跨境电商的门槛，让更多中小企业有机会参与全球贸易。

4. 全球贸易的未来展望

随着AI科技工具与跨境电商的深度融合，全球贸易将迎来更加广阔的发展空间。以下几方面的变化是我们可以预见的：

① 更加智能化的服务。AI科技工具将进一步提高跨境电商的服务质量，提供更加智能化、个性化的服务。

② 更加高效的物流。AI技术将进一步优化物流路线，提高物流效率，让全球贸易更加便捷。

③ 更加公平的竞争环境。AI科技工具降低了跨境电商的门槛，将为更多中小企业

提供公平竞争的机会。

5. 结论

AI科技工具与跨境电商的结合，为全球贸易带来了前所未有的机遇和挑战。未来，随着技术的不断进步和市场的不断扩大，两者将继续深度融合，共同塑造全球贸易的未来。对于企业而言，抓住这一历史机遇，积极拥抱AI科技工具和跨境电商，将有助于其在全球贸易中取得更大的成功。而对于消费者来说，他们将享受到更加智能化、个性化、便捷化的服务和产品。

（资料来源：https://www.sohu.com/a/740639046_121836840. 有改动）

问题：

1. 目前，AI在跨境电商翻译应用中的状况如何？
2. AI科技工具对跨境电商的影响是怎样的？
3. 搜集跨境电商中AI应用的相关资料，总结一下你对这个问题的看法。

第6章 跨境电商采购

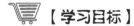
【学习目标】

知识目标
- 理解跨境电商选品的内涵。
- 掌握跨境电商选品的依据。
- 能够确定跨境电商选品的渠道。

能力目标
- 树立运用跨境电商选品的知识、技能来分析和解决问题的意识。
- 能够比较不同跨境电商平台的选品原则。
- 能够掌握跨境电商选品的注意事项。

素质目标
- 增强学生"四个自信",强化对社会主义市场经济体制的理解。
- 帮助学生理解跨境电商在新时代的作用,拓宽学生国际视野。
- 培养学生民族自豪感,树立民族自信心。

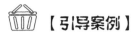
【引导案例】

Nature Treasures 的成功之路

在全球跨境电商市场中,一家名为"Nature Treasures"的小型企业成功突围,成为行业的领军者。该公司的创始人玛丽亚·陈,深谙选品的核心竞争力,并在采购过程中取得了卓越的成就。

玛丽亚·陈在创业初期面临着市场竞争激烈的挑战。她深知在电商领域,优质商品是吸引消费者的关键。于是,她以健康生活为主题,选择了一系列天然有机的生活用品和美容产品作为核心商品。

在选品依据的确定上,玛丽·陈通过深入了解目标市场的需求和趋势,发现消费者对天然、无害的生活方式越来越感兴趣,于是她依据市场调研和消费者反馈,确定了健康、环保、高品质的商品是 Nature Treasures 的选品方向。

玛丽亚·陈积极进行竞品分析,仔细研究同行业其他电商的产品线。她发现在有机美妆和生活用品领域,市场上虽然存在一些产品,但绝大多数缺乏专业性和品质。这让她看到了巨大的市场空白,于是决定将 Nature Treasures 定位为提供高品质有机产品的品牌。

Nature Treasures 的选品依据明确,以健康、环保、高品质为主要标准。在采购过程中,他们与全球各地的有机农场和小型生产商建立了稳定的合作关系,确保产品的原料来源纯正,制作过程中不添加有害物质。

Nature Treasures 通过深入了解市场、巧妙进行竞品分析,在选品上赢得了竞争优势。玛丽亚·陈的 Nature Treasures 不仅是一家电商公司,更是一种生活方式的代表,为消费者提供了健康美好的选择。

(资料来源:https://caifuhao.eastmoney.com/news/20220526145823679218530. 有改动)

【案例思考】

Nature Treasures 是如何进行选品和竞品分析而取得成功的?

6.1 跨境电商选品的标准和依据

6.1.1 跨境电商选品的概念

跨境电商选品是指卖家从供应市场中选择能满足目标市场需求的商品,即卖家在把握买家需求的同时,要从众多供应市场中选出质量、价格和外观最符合目标市场需求的商品。

6.1.2 跨境电商选品的标准

跨境电商选品就是选择适宜跨境销售的商品。跨境电商选品标准如下:

① 体积较小。主要是为了方便地以快递方式运输,降低国际物流成本。

② 附加值较高。价值低于运费的单件商品不适合单件销售,可以打包销售,以降低物流成本在总费用中的占比。

③ 具备独特性。在线交易业绩好的商品需要独具特色,这样才能不断刺激买家

购买。

④ 价格较合理。商品的在线交易价格若高于其在当地的市场价，就无法吸引买家在线下单。

6.1.3 跨境电商选品的依据

在跨境电商中，确定明确的选品依据是成功采购的基础。选品依据直接关系到商品是否符合目标市场的需求，能否在激烈的市场竞争中脱颖而出。

1. 市场容量

在选品依据的确定中，首要任务是明确目标市场的规模。了解市场的容量有助于企业判断是否有足够的潜在消费者来支撑其选品策略。通过市场研究和数据分析，企业可以获取关于目标市场规模的信息，进而确定自己在该市场中的定位和策略。

（1）人口统计学分析

企业可以先通过人口统计学数据来了解目标市场的规模。这包括目标地区的人口总量、年龄结构、性别比例、收入水平等信息。这些数据可以从政府统计局、行业报告及专业市场研究机构获得。通过深入分析这些数据，企业可以更精确地把握潜在的目标消费者群体。

（2）市场趋势和增长预测

了解目标市场的发展趋势和增长预测对于明确规模至关重要。通过行业分析和市场趋势研究，企业可以了解到目标市场是处于增长阶段、饱和阶段还是下滑阶段。此外，对未来市场的增长趋势有准确的预测，有助于企业决策是否在该市场进行进一步投资。

（3）潜在需求分析

除了总体的市场规模，企业还需要分析潜在的需求规模。这包括了解目标受众对于特定产品或服务的需求程度，以及是否存在未被满足的需求。通过市场调研、消费者反馈和产品反馈，企业可以更细致地了解潜在需求的规模，从而更有针对性地制定选品策略。

（4）地理和区域因素

目标市场的地理和区域因素也是决定市场规模的关键因素。不同地区的市场规模可能存在较大差异，而且地理位置还会影响到商品的物流和分销。企业需要仔细分析不同区域的市场规模，以制定更灵活和区域化的选品策略。

通过深入分析上述因素，企业可以更准确地确定目标市场的规模。这将为企业提供有力的数据支持，有助于在确定选品时更科学地考虑市场容量的因素。

2. 竞争激烈程度

竞争激烈程度是跨境电商选品依据中至关重要的一环，它直接影响到企业在市场中的生存和发展。在确定竞争激烈程度的时候，需要从商品行业因素、企业品牌因素、团队战略因素和商品价值因素等四个方面综合考虑。

(1) 商品行业因素

① 市场饱和度。首先需要考虑目标商品所属行业的市场饱和度。如果目标行业市场已经饱和，竞争激烈程度可能较高，企业需要更具差异化的商品来突围。相反，如果市场仍有增长空间，竞争激烈度可能相对较低，企业可以更容易找到发展机会。

② 新兴趋势和创新性。目标商品所处行业的新兴趋势和创新性也是竞争激烈度的关键因素。行业内是否涌现新的产品、技术或服务，以及企业是否具备迎接这些创新的能力，都会影响到竞争格局。在创新驱动的行业，竞争往往更加激烈。企业对此需要多做了解。

(2) 企业品牌因素

① 品牌知名度。企业品牌在竞争中扮演着至关重要的角色。知名度高的品牌通常能够更好地吸引消费者，因此在竞争激烈的市场中更具优势。对于跨境电商来说，建立国际化的品牌形象对于提高竞争力尤为重要。

② 品牌定位和形象。品牌的定位和形象直接影响到消费者对企业的认知和信任度。在竞争激烈的市场中，明确定位和独特的品牌形象，能够帮助企业在消费者心中树立独特的地位。企业需要评估自身品牌在市场中的位置，以制定合适的竞争策略。

(3) 团队战略因素

① 营销策略。企业的营销策略对于竞争激烈程度有着直接的影响。创新的营销手段、精准的市场定位及有效的推广活动，能够帮助企业在竞争中脱颖而出。了解竞争对手的营销策略，制定出更有针对性的策略是至关重要的。

② 供应链和物流优势。在跨境电商中，拥有高效的供应链和物流体系是竞争的重要优势之一。如果企业能够提供更迅速、可靠的服务，就能够在市场中获得更多竞争优势。因此，对供应链和物流的优化是制定选品依据时需要考虑的重要因素。

(4) 商品价值因素

① 售价和性价比。商品的售价和性价比是消费者选择的关键因素之一。在竞争激烈的市场中，企业需要综合考虑价格和产品性能，以提供更有竞争力的性价比。对市场价格敏感度的把握，有助于企业在定价策略上更具优势。

② 产品特色和差异化。产品的特色和差异化是决定消费者选择的重要因素。在竞争激烈的市场中，企业需要通过独特的设计、功能或者品质来区分自己的产品。了解消费者对于产品特色的偏好，有助于企业更好地进行选品决策。

通过全面考虑商品行业因素、企业品牌因素、团队战略因素和商品价值因素，企业可以更全面地了解竞争激烈度，为确定选品提供更为科学和实用的依据。这有助于企业在激烈竞争的市场中找到自身的定位,提高市场占有率。

3. 利润空间

利润空间是跨境电商选品依据中至关重要的考量因素之一,直接关系到企业的盈利能力和可持续发展。在确定选品依据时,需要从成本与定价、利润预估两个方面详细展开。

(1) 成本与定价

① 采购成本。企业需要先全面了解选品的采购成本。确保在采购阶段已经争取到最优惠的价格,以保障企业在后续的定价过程中有足够的空间获取盈利。

② 运输成本。运输成本对于跨境电商来说至关重要。不同国家和地区的运输成本差异巨大,企业需要权衡快递、物流等多种运输方式,选择最经济和可靠的方式,以最大化利润空间。

③ 关税和税费。考虑到跨境业务可能涉及关税和税费,企业需要对目标市场的相关政策进行深入了解。了解并计算关税和税费对成本的影响,有助于企业在定价时更准确地考虑这些因素,避免不必要的亏损。

(2) 利润预估

① 销售数量预估。在选品依据中,对于每个候选商品的销售数量进行合理的预估是非常关键的。通过市场调研、竞品分析及历史销售数据,企业可以对商品的潜在销售情况有一个相对准确的估算。

② 定价策略。企业需要制定合理的定价策略,确保商品的售价既具有市场竞争力,又能够保持足够的利润空间。企业要灵活运用各种定价策略,如溢价定价、促销定价等,以适应市场需求和竞争环境的变化。

③ 成本与销售额的匹配。企业在确定选品依据时,需要将成本与销售额进行有效匹配。通过合理的利润预估和定价策略,确保商品的销售额能够覆盖采购成本、运输成本及其他相关费用,以获得可持续的盈利。

④ 时机与市场变化。利润预估也需要考虑市场变化和时机的影响。时机把握得当,可以在市场波动中获取更大的利润空间。因此,企业需要时刻关注市场动态,灵活调整预估和定价策略,以应对市场的变化。

通过深入了解成本与定价、利润预估两个方面的因素,企业可以更科学地确定选品依据,确保在销售过程中能够保持足够的利润空间。这将有助于企业在激烈竞争的市场中稳健经营,实现可持续盈利。

4. 企业的商品资源优势

企业的商品资源优势在跨境电商中是确定选品依据的关键因素之一,包括财务资源、品牌资源、市场资源和技术资源等方面。

(1) 财务资源

① 采购能力。企业的财务资源直接关系到其采购能力。具有强大的财务支持的企业可以更灵活地进行大宗商品的采购,从而在选品中获得价格竞争优势。财务资源的优势可以体现在与供应商的谈判中,以获取更有利的采购条件。

② 库存管理。拥有充足财务资源的企业在库存管理方面也更具优势。它们可以通过大量采购和灵活的库存管理策略,实现库存的及时更新和补充。这有助于企业及时满足市场需求,减少因缺货而失去销售机会的风险。

(2) 品牌资源

① 品牌影响力。品牌资源是企业在市场中的一项重要优势。具有良好品牌影响力的企业在选品时更容易吸引消费者的关注。消费者对于品牌的信任度高,有助于提高商品的销售转化率,从而在市场中建立竞争壁垒。

② 品牌定位。品牌定位对于选品依据同样至关重要。企业可以根据自身品牌的定位,有选择性地挑选符合品牌形象的商品。这有助于保持品牌的一致性,增强消费者对于企业的认知和记忆。

(3) 市场资源

① 渠道优势。拥有丰富市场资源的企业可能具备更多的销售渠道。通过线上线下多渠道的覆盖,企业可以更广泛地推广和销售其选定的商品。市场资源的优势使得企业能够更好地应对市场的变化和挑战。

② 消费者洞察。市场资源也包括对消费者洞察的能力。企业可以通过市场研究和数据分析,深入了解消费者的需求、喜好和购买习惯。这有助于企业更有针对性地选择符合市场趋势和消费者偏好的商品。

(4) 技术资源

① 电商平台技术支持。在跨境电商中,拥有先进的技术资源是至关重要的。企业可以通过投资于电商平台技术的研发和优化,提升用户体验,提高网站的运营效率。这有助于企业更好地展示和销售其选定的商品。

② 数据分析和人工智能。利用数据分析和人工智能技术,企业可以更精准地了解市场趋势、消费者需求,并进行个性化推荐。技术资源的优势使企业在选品时能够更科学、更高效地进行决策,提高商品的销售效果。

通过充分利用财务资源、品牌资源、市场资源和技术资源,企业可以在选品过程中发挥自身的优势,提高商品的竞争力和市场占有率。这将有助于企业在激烈的市场竞争中稳健发展,实现长期盈利。

6.2　确定选品的渠道

6.2.1　销售平台热词搜索

在确定选品的渠道中,销售平台热词搜索是一项关键的市场研究工作。通过深入了解销售平台上消费者的搜索习惯和关注点,企业可以更准确地选择符合市场需求的商品,提高商品的曝光度和销售机会。

1. 关键词研究

(1) 工具的选择

针对不同销售平台,选择专业的关键词研究工具是必要的。这些工具可以帮助企业了解目标市场中消费者经常搜索的关键词,以及这些关键词的热度和趋势。

(2) 竞品分析

通过对竞品在平台上使用的关键词进行分析,企业可以发现一些与目标商品相关的热门关键词。这有助于避免直接与竞争对手展开激烈的竞争,同时更好地了解市场上潜在的商品选择空间。

2. 竞争优势

(1) 精准定位

关键词研究有助于企业更精准地定位目标受众。通过选择与目标商品相关的高热度关键词,企业可以使其商品更容易被潜在买家发现,提高点击率和曝光率。

(2) 长尾关键词

除了一些热门关键词,企业还应该关注一些长尾关键词。这些关键词虽然搜索频次较低,但能够更准确地反映用户的具体需求,有助于提高转化率。

3. 用户行为洞察

(1) 搜索数据分析

通过分析平台上的搜索数据,企业可以了解用户的搜索行为,包括搜索词的长度、使用频率、季节性变化等。这有助于企业更好地把握用户的需求变化,及时调整选品策略。

(2) 流行趋势分析

通过关键词研究,企业可以捕捉到市场的流行趋势。了解哪些关键词在特定时期或季节具有较高的搜索热度,有助于企业更灵活地调整选品策略,迎合市场需求。

4. 优化策略

（1）商品标题和描述

将研究得到的关键词巧妙地融入商品标题和描述中，有助于提高商品的搜索排名。但要确保信息自然流畅，避免过度堆砌关键词。

（2）广告投放

对于一些高热度的关键词，企业可以考虑通过广告投放来提高商品的曝光度。合理的广告投放策略能够吸引更多目标受众的注意。

6.2.2 国外网站的热销产品

观察国外网站的热销产品是企业确定选品的重要手段之一。这一方法有助于企业及时捕捉到跨境市场的趋势，了解国外消费者的偏好和购物习惯，从而更好地调整选品策略。

1. 跨境市场趋势

（1）电商平台观察

关注国外电商平台上的热销产品是了解跨境市场趋势的首要步骤。企业可以选择主要的国外电商平台，如亚马逊、eBay、阿里巴巴国际站等，深入研究不同品类的热门商品。

（2）行业报告和分析

定期阅读相关的行业报告和市场分析也是了解跨境市场趋势的有效途径。专业的市场研究机构和行业协会发布的报告能够提供有关消费者行为、市场规模和未来趋势的详细信息。

2. 合理借鉴

（1）产品特点分析

在借鉴国外网站的热销产品时，企业不仅要注意销售量，还要深入分析这些产品的特点，包括产品的设计、功能、材质等方面的特点，这有助于企业了解何种类型的产品更容易在跨境电商市场上取得成功。

（2）差异化和定位

借鉴并不等于复制，企业需要在了解市场的基础上进行差异化创新和定位。通过增加独特的设计元素、改进产品功能、提高品质水平等手段，企业可以打造更有竞争力的产品线。

（3）定期更新

跨境电商市场变化较快，因此企业在借鉴国外网站的热销产品时，需要定期更新观察结果。新的潮流、消费者需求的变化等因素都可能影响产品的热卖程度，企业需要及时调整选品策略。

6.2.3 社交媒体的热点

社交媒体在当今消费者生活中占据着重要的位置，通过社交媒体的热点分析和用户反馈，企业可以更全面地了解目标消费者的需求和喜好。这有助于企业更准确地选定符合市场趋势的商品，提高产品的社交分享度和口碑效应。同时，通过积极参与社交媒体互动，企业还能够建立更紧密的品牌与用户关系。

1. 社交趋势分析

首先，企业需要选择与目标受众匹配的社交媒体平台。不同平台上的用户具有不同的兴趣和行为习惯，因此选择合适的平台是进行社交趋势分析的第一步。

其次，通过追踪社交媒体上的热点话题，企业可以了解目前消费者关注的焦点。这可能涉及时事、文化、娱乐等多个领域，对于企业来说，选择与这些热点相关的商品有助于更好地抓住用户的注意力。

最后，社交媒体上经常涌现出各种流行元素，包括表情符号、潮流词汇、热门标签等。通过分析这些流行元素，企业可以更好地了解目标受众的语言和文化，从而在选品时更贴近消费者的需求。

2. 用户反馈和评论

社交媒体平台上的用户反馈是实时的，企业可以通过监测用户的评论、喜好和分享，及时了解用户对产品的看法。这种实时反馈有助于企业调整选品策略，更灵活地满足市场需求。用户在社交媒体上的评论往往包含了他们的情感和体验。通过进行情感分析，企业可以了解用户对于产品的好恶、期望和建议，从而在选品时更好地满足用户的需求。

用户在社交媒体上生成的内容，如图片、视频、评价等，是宝贵的市场信息资源。企业可以借助这些UGC（用户生成内容）了解商品在实际使用中的效果，以提高选品的质量和符合度。

6.2.4 热销卖家的商品

在选品过程中，关注热销卖家的商品是一种有效的策略。通过分析热销卖家的成功经验，企业可以借鉴其优点、避免其缺点，以提高自身选品的竞争力。

1. 卖家评价和口碑

对于热销卖家的商品，企业应该仔细分析其在平台上的评价。了解用户对于商品的评价有助于企业了解产品的优势和不足之处，从而在选品时更加注重满足用户的需求。热销卖家的成功往往与良好的口碑有关。企业可以学习热销卖家在客户服务、物流配送、产品质量等方面的做法，建立自己的良好口碑。口碑的建立有助于提高品牌的信誉度，使得消费者更愿意购买企业的产品。

2. 合作机会

与热销卖家进行合作，进行联合推广是一种有效的策略。通过联合推广，企业可以借助热销卖家的平台资源和客户基础，更迅速地提高自家商品的曝光度和销售量。还可以考虑与热销卖家进行互惠合作，共同分享资源。这种合作方式可以包括共同开展促销活动、交叉推荐商品等，通过互惠合作，企业和热销卖家可以实现共赢，提高市场竞争力。

3. 产品特点分析

通过分析热销卖家的商品，企业可以了解其成功的独特卖点。这可能包括产品的创新设计、独特功能、高性价比等方面。企业可以借鉴这些独特卖点，使自家商品更具竞争力。热销卖家之所以能够取得成功，往往与其不断创新有关。企业在选品时应该保持创新思维，不断推陈出新，适应市场的变化和满足消费者的需求，提高商品的新颖性和吸引力。

6.2.5 打造跨境产品线

在跨境电商中，打造跨境产品线是关键的战略之一。通过合理的品类搭配、注重品质和创新，企业可以提高产品的多样性和吸引力，满足不同消费者群体的需求。

1. 品类搭配

企业在打造跨境产品线时，首先需要深入分析目标市场的消费者需求。了解消费者的购物习惯、偏好和特殊需求，有助于企业更有针对性地选择不同品类的商品，形成完整的产品线。在选择商品品类时，企业需要考虑品类之间的组合关系。通过优化品类组合，使其相互补充，不仅可以满足多样化的消费需求，还能够提高购物的客单价。

2. 品质和创新

打造跨境产品线需要注重产品的品质。选择有高品质制造水平的商品，不仅可以提升产品的口碑和用户体验，还能够提高品牌的信誉度，使企业在市场中建立起良好的声誉。创新是吸引消费者眼球的关键。通过在产品设计上进行创新，企业可以打破传统，推陈出新，使商品在市场上更具独特性。创新设计既可以表现在外观上，也可以体现在功能、材质等方面。

3. 市场定位

在打造跨境产品线时，企业需要明确产品的市场定位。不同的产品可以面向不同的目标群体，如高端消费者、年轻群体、特定兴趣群体等。根据目标群体的需求进行差异化选品，有助于提高市场占有率。打造跨境产品线需要企业在市场上有清晰的定位。无论是注重高端品质、追求创新设计，还是专注于性价比，企业都需要明确自己在市场中的定位，并通过选品策略来支持这一定位。

6.3 不同平台的选品原则

6.3.1 亚马逊平台

1. 亚马逊平台特点

① 全球市场。亚马逊是全球最大的电商平台之一,覆盖多个国家和地区。通过亚马逊,企业可以轻松拓展国际市场,但需要注意遵守各国的法规和标准。

② FBA 服务。亚马逊提供的 FBA 服务允许卖家将商品寄存至亚马逊仓库,由亚马逊负责包装和配送。这种服务提高了物流效率,优化了购物体验。

③ 广告服务。亚马逊提供广告服务,卖家可以通过投放广告提高商品的曝光度。合理运用广告服务有助于提高产品的销售量。

④ Prime 会员制度。亚马逊的 Prime 会员制度为会员提供快速配送、独家折扣等服务。因此,选择支持 Prime 服务的商品有助于提高竞争力。

⑤ 竞争激烈。由于亚马逊的巨大用户群体和商品种类繁多,竞争非常激烈,因此,企业需要注重差异化和独特性,以脱颖而出。

⑥ 数据分析。亚马逊提供丰富的销售数据和分析工具,卖家可以利用这些数据进行市场分析,了解用户行为,优化选品策略。

2. 亚马逊平台选品规则

① 重视销量和评价。亚马逊的排名算法主要基于销量和用户评价。因此,选择那些有着良好销售历史和积极评价的商品,有助于提高在搜索结果中的曝光和点击率。

② 品牌注册和内容建设。注册品牌可以提高商品的专业性和可信度。同时,详细的品牌内容,包括产品描述、图片和品牌故事,能够吸引更多用户的关注。

③ 避免违规商品。亚马逊对于违规商品非常敏感,包括侵权商品和违反平台规定的商品。企业需要避免选择这类商品,以免受到封禁或处罚。

④ 优化商品标题和关键词。商品标题是吸引用户点击的关键,应包含清晰的关键信息。同时,合理使用关键词有助于提高商品在搜索引擎中的排名。

在亚马逊上进行选品,除了关注商品本身的质量和特点,还需要了解和遵守平台的规则和服务,以提高商品的曝光度和竞争力,实现更好的销售业绩。

6.3.2 全球速卖通平台

1. 全球速卖通平台特点

全球速卖通是阿里巴巴旗下面向全球市场打造的在线交易平台,被称为"国际化淘宝",全球速卖通平台有以下几个特点:

① 通过支付宝账号进行担保,交易安全、可靠,让中国的电商企业更方便;全球速卖通平台在买家和卖家交易沟通的流程上,支持语言翻译功能。

② 商品整体搬家,操作简单,可以借助工具淘代销将淘宝商品的中文信息直接翻译成对方语言,简化了上架商品的语言翻译操作。

③ 全球速卖通目前主要是直发。对于本地化的运作,只有电商企业自身去提高邮寄的时效性和客户体验度,平台本身没有这方面的要求,这就对产品的重量和价值有了要求。现在集中在全球速卖通上的多是时尚类产品和配件,以及小家居运动类的体积量较小的商品,所以企业在选品时,主要是在中国采购。

④ 相比其他平台,全球速卖通更多地服务于中小电商企业,并帮助中小电商企业接触终端批发零售商,实现小批量多批次的快速销售,减少传统流程的中间环节,压低成本,拓宽利润空间,实现集生产、订单、支付、物流一体化,给电商企业带来了巨大的便利。

⑤ 全球速卖通对卖家资质要求有限制,平台目前只允许少数国家的卖家进驻,而全球速卖通的买家人群覆盖全球 190 多个国家和地区。在进驻的卖家中,中国占据市场的大部分销售份额,这对中国的电商企业,是绝对的利好。

⑥ 虽然全球速卖通覆盖范围很广,但相比欧美市场,其销售的主场地是在新兴的第三方国家市场,所以选品时主要考虑新兴的第三方国家。

2. 全球速卖通选品规则

① 利用平台数据和分析工具。通过查看全球速卖通卖家后台的生意参谋,分析产品类目的市场热度、销量、搜索指数和竞争力度,判断该产品类目的发展空间和潜力。这有助于卖家判断市场饱和度,避免进入竞争过于激烈的红海市场。

② 考虑利润收益。在决定进入某个品类前,分析该品类在全球速卖通平台的销售价格,结合采购成本和物流成本计算利润空间。选择利润空间较大的品类可以确保销售的可持续性和盈利能力。

③ 考虑自身优势。结合自身的实际情况,如供应链优势、专业性等,选择适合自己的品类。这样不仅可以降低风险,还能更好地发挥自己的优势。

综上所述,全球速卖通的选品规则涵盖了从市场趋势分析、利用平台资源、利用数据分析工具到考虑自身实际情况等多个方面,旨在帮助卖家做出最佳选品决策,从而提高销售业绩和市场竞争力。

6.3.3 Wish 平台

1. Wish 平台特点

① 低价商品。Wish 平台上的商品价格相对较低，吸引了以经济实惠为主要考量因素的消费者。卖家可以通过与供应商的良好谈判、批量采购等方式来降低成本，从而提供具有竞争力的低价商品。此外，可以与平台上其他卖家的价格进行比较和调研，确保自家商品的价格在同类产品中具备吸引力。

② 直邮模式。Wish 平台上的许多商品采用直邮模式，这有助于降低运输成本。卖家在选品时需要选择适合直邮的商品，并合理规划物流渠道，以确保及时交付。在商品详情中清晰地标明直邮信息，向消费者传递直邮的优势，可以增加购买动力。

③ 广告推广。Wish 平台提供广告推广服务，卖家可以通过投放广告来提高商品的曝光度。卖家在使用广告推广时需要精准定位目标受众，选择合适的广告形式，并关注广告效果，注重数据分析。通过合理的广告投放，卖家可以吸引更多的潜在买家，提高销售量。

④ 用户评价。在 Wish 平台上，用户对商品的评价至关重要。良好的用户评价可以提高客户对商品的信任度，吸引更多购物者。因此，卖家需要注重提供优质的售后服务，解决用户问题，确保商品质量，积极回应用户评价，建立良好的客户关系，这些都有助于提高店铺的口碑和声誉。

⑤ 特卖和促销。Wish 平台上常有特卖和促销活动，卖家可以积极参与这些活动。提供具有吸引力的优惠，如限时特价、满减、买赠等促销策略，可以刺激购物者的购买欲望，提高销售额。卖家需要灵活运用不同的促销手段，吸引更多用户参与。

⑥ 社交分享。Wish 平台鼓励用户在社交媒体上分享他们的购物体验。卖家可以通过提供愉悦的购物体验，包括包装精美、物流迅速等，鼓励用户在社交平台上分享他们的购物瞬间。这种用户生成的内容有助于增加品牌曝光，吸引新用户，同时提高现有用户的忠诚度。

2. Wish 平台选品规则

① 价格敏感。Wish 平台的用户以价格敏感为特点，因此在选品时需要着重考虑产品的定价。卖家可以通过供应链的优化、采购成本的控制及合理的利润率来确保商品价格的竞争力。此外，激活 Wish 平台的优惠券和促销功能，提供更具吸引力的价格优势，能够有效吸引更多关注，激发购买意愿。

② 广告投放。Wish 平台支持广告投放，这为卖家提供了一种有效地提高商品曝光度的方式。卖家可以合理设置广告预算，选择目标受众，并设计引人注目的广告内容。

通过运用各种形式的广告，例如横幅广告、产品推广等，可以增加商品在平台上的可见性，提高点击率和转化率。

③ 多样化商品。多样性是 Wish 平台用户对商品的需求之一。卖家在选品时可以考虑提供各类独特、新颖或者是特价的商品。拓展商品种类，满足不同消费者的兴趣和需求，有助于扩大受众群体。同时，定期更新商品，引入新品，保持商品库的新鲜感，可以留住老客户，吸引新客户。

6.4　跨境电商选品需要注意的问题

在进行跨境电商选品时，需要综合考虑多个因素，以确保所选商品在市场上具有竞争力和吸引力。以下是选品过程中需要特别关注的四个方面。

6.4.1　有独特的设计

独特设计的产品能够在激烈的市场竞争中脱颖而出。卖家需要注意确保选品中的产品在外观、功能或材质上有独特之处，能够引起潜在买家的兴趣。这有助于建立品牌形象，增加商品的分享和增强口碑效应。同时，了解市场趋势和消费者偏好，结合产品的独特设计，能够更好地满足消费者的潜在需求。

6.4.2　便于运输

运输是跨境电商中一个关键的环节，因此选品时需要考虑产品运输的便捷性。轻巧、易于包装的产品更容易实现低成本的国际物流。卖家可以选择符合国际运输规格的商品，降低运输成本，提高整体的竞争力。此外，要考虑商品易碎性或需特殊包装的特点，以确保产品在运输过程中的安全性。

6.4.3　使用简单，便于售后服务

消费者通常更倾向于购买使用简单、易于操作的产品。在选品时，卖家应考虑产品的使用便捷性，避免过于复杂的操作和维护。同时，为商品提供清晰的使用说明书，以及方便快捷的售后服务，能够提高用户满意度，增加回购率。确保商品的售后服务体系健全，对于建立品牌信任度至关重要。

6.4.4　注意版权问题

在跨境电商中，版权问题是一个极为重要的法律和商业考量。卖家在选品时必须

确保所选商品没有侵犯他人的知识产权,包括专利、商标、著作权等。购买合法的供应商和厂家的商品,避免销售侵权商品,是维护企业声誉和避免法律风险的关键。卖家要进行充分的市场调研和法务咨询,确保所选商品在知识产权方面没有潜在的问题。

本章小结

本章深入探讨了跨境电商的选品战略,突出了优质商品在整个经营过程中的关键地位。选品的依据包括市场容量、竞争激烈程度、利润空间和企业的商品资源优势。这一理论基础为卖家提供了明晰的选品方向,使其能够更具针对性地满足市场需求。

确定选品渠道是十分重要的,从销售平台热词搜索到打造跨境产品线,本章提供了全面的渠道选择指南。这有助于卖家更有效地选择合适的平台和渠道,提高商品曝光度和销售效果。

不同平台有不同的选品原则,了解亚马逊平台、全球速卖通平台和 Wish 平台的特点,卖家能够更有针对性地制定选品策略,提高其在各平台上的竞争力。

除了各平台的选品原则,选品过程中还需要特别注意一些问题,如产品设计的独特性、便于运输、使用简单和便于售后服务,以及版权问题。这些方面的考量直接关系到商品在市场上的竞争力和法律合规性,为卖家提供了全面的选品指南。

本章全面探讨了跨境电商选品的方方面面,强调了优质商品的战略地位。在全球市场竞争激烈的背景下,卖家应灵活运用本章所提供的理论和方法,制定切实可行的选品策略,以实现企业在全球市场的可持续发展。跨境电商的成功不仅仅在于卖家的营销手段,更在于对市场和消费者需求的深刻理解,以及对选品策略的精准执行。

跨境电商训练营

一、核心概念

跨境电商选品　跨境电商选品的标准　市场容量　竞争激烈程度　利润空间　选品的渠道　亚马逊平台　全球速卖通平台　Wish 平台

二、同步练习

1. 简述跨境电商选品的标准。
2. 跨境电商有哪些选品的依据？
3. 跨境电商有哪些选品的渠道？

三、课外拓展

<h3 style="text-align:center">灵动科技</h3>
——智能穿戴设备的跨境之旅

灵动科技是一家位于深圳的高科技企业，专注于智能穿戴设备的研发与生产。作为中国智能硬件领域的先行者，灵动科技通过其创新的跨境选品策略，在全球市场上占据了一席之地。

灵动科技非常重视市场研究和趋势分析，在新产品开发前期，会通过网络、展会、消费者调研等多种方式，收集全球市场的最新趋势和消费者需求。这些数据帮助灵动科技精确地锁定目标市场和消费者群体，以及确定产品的功能特性和设计方向。

在确定了市场趋势和消费者需求后，灵动科技采用细分市场的选品策略。针对健身爱好者，灵动科技推出了具有运动追踪、健康监测等功能的智能手环；针对商务人士，则推出了外观更为精致，功能包含日程管理、邮件提醒等功能的智能手表。这种有针对性的选品策略，使得灵动科技能够更准确地满足不同消费者群体的需求。

灵动科技通过与亚马逊、阿里巴巴等跨境电商平台合作，实现了其产品的全球销售。这不仅扩大了灵动科技的市场覆盖面，也为公司收集到了宝贵的海外市场反馈信息，有利于其进一步优化选品策略。

面对快速变化的全球市场，灵动科技采取快速迭代的产品开发模式，不断推出新一代产品以适应市场的新需求。同时，公司投入大量资源于新技术研发，如可穿戴设备的长电池技术、健康监测精准度提高等，以保持产品的竞争力。

（资料来源：https://k.sina.com.cn/article_2087801153_7c715141019011vzh.html. 有改动）

问题：

跨境电商平台在灵动科技的选品和全球销售策略中扮演了怎样的角色？这种合作模式对于其他想要跨境出口的中国企业有何借鉴意义？

第7章 跨境电商仓储

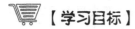

【学习目标】

知识目标

- 理解跨境电商仓储体系。
- 掌握跨境电商仓储的关键要素。
- 了解仓储管理每个环节中的技术应用。

能力目标

- 掌握如何规范仓储空间。
- 理解如何明确商品信息。
- 熟悉跨境电商仓储管理流程。

素质目标

- 通过学习跨境电商仓储的先进技术和管理策略,加强学生对国际物流与供应链管理的全面理解,提升其国际视野和跨文化沟通能力,为学生在全球化背景下的企业管理和运营工作做准备。

- 鼓励学生学习和探索智能化仓储管理系统、物联网技术在仓储物流中的应用,激发学生的创新意识和能力,促进学生对新技术、新模式的探索和应用,为未来的科技创新和产业升级做贡献。

- 通过对跨境电商仓储管理的学习和案例分析,培养学生将理论知识应用于实践的能力,增强学生解决实际问题的创新实践能力,为学生未来的职业发展打下坚实基础。

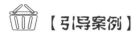

仓储管理提高发货效率

企业 A，一家专注于电子消费品的跨境电商公司，经过几年的发展，发现仓储管理对于提高发货效率至关重要。为了更好地服务全球客户，他们进行了一场仓储管理的全面升级活动。

在过去，企业 A 的仓储系统相对独立，缺乏高效的信息流和物流流程，订单处理、库存管理、运输等各个环节相对独立运作，因此发货不够灵活，客户满意度逐渐受到影响。面对这一挑战，企业 A 决定引入先进的仓储管理系统，通过系统的实时监控和数据分析，更准确地掌握库存水平和销售趋势。这让企业 A 能够更精准地预测库存需求，避免了因库存过多或库存不足而引发的问题。

仓储系统的升级也涉及订单处理的自动化。通过自动化的拣货、包装和发货流程，企业 A 不仅降低了人工错误的可能性，还大大提高了订单处理的速度。订单从系统生成到实际发货的时间显著缩短，客户可以更快地收到他们的商品。此外，企业 A 将仓储和运输环节整合起来，与物流合作伙伴建立了更紧密的关系。这使得运输信息能够实时反馈给仓储系统，提前解决潜在的物流问题，确保了货物的准时到达。

最终，企业 A 通过仓储管理的全面优化，不仅提高了发货效率，还有效降低了运营成本。客户对于更迅速、更准时的发货服务给予了高度好评，企业 A 在激烈的市场竞争中赢得了更多的用户信任。

（资料来源：https://baike.baidu.com/item/仓储管理/5045?fr=ge_ala. 有改动）

【案例思考】

仓储管理是如何提高发货效率的？

7.1　规范仓储空间

在跨境电商中，规范仓储空间是提高发货效率不可或缺的一环。有效的仓储空间管理能够优化物流流程，降低错误率，提高库存周转率。

7.1.1　优化货物摆放布局

在规范仓储空间的过程中，企业应当优化货物的摆放布局。合理的货物摆放布局能够减少拣货员在仓库中的行走距离，提高拣货效率。通过分类整理商品，将相似产品放置在相邻区域，使得仓库内部更为井然有序。

1. 分类整理商品

将相似的产品进行分类整理，确保相同或相近的商品能够放置在相邻的区域。这有助于缩短拣货员的行走距离，提高拣货效率。

2. 合理规划货架布局

设计合理的货架布局，确保每个区域都能够被充分利用，最大程度上减少空间浪费。考虑商品的流通频率，将高销售频次的产品放置在更便捷的位置。

7.1.2 制定明确的货物放置标准

确保每种商品都有固定的存放位置，并通过标签、二维码等标识技术，使得员工能够快速准确地找到所需商品。明确的货物放置标准有助于降低拣货错误率，简化库存管理流程。制定明确的货物放置标准是确保仓库有序运作的重要手段。

1. 固定存放位置

为每种商品设定固定的存放位置，确保每个员工都能够迅速找到所需商品，减少寻找时间。

2. 标签和标识技术

使用标签、二维码等标识技术，标明每个存放位置的商品信息，使得员工可以通过扫描或查看标签快速定位商品。

7.1.3 实施先进的仓储技术

引入先进的仓储技术，如智能仓储系统和自动化拣选设备，能够提高仓库空间的利用率，并加速拣货和发货过程。自动化的拣货系统也有助于提高发货速度。

1. 智能仓储系统

借助智能仓储系统，实时监控库存情况，提高库存管理的精确度。系统可以自动进行库存盘点，减少人工干预。

2. 自动化拣选设备

引入自动化拣选设备，如自动拣货机器人，可以加速拣货过程，降低拣货错误率，提高发货速度。

7.1.4 保持仓库整洁有序

仓库的整洁有序是规范仓储空间的基础。通过定期清理、整理货物，以及建立良好的清洁作业标准，能够降低工作环境的复杂度，提高员工的工作效率。

1. 定期清理整理

定期清理、整理仓库，清除不必要的物品和包装材料，确保工作区域干净整洁。

2. 建立清洁作业标准

建立清洁作业标准，确保每个员工都知晓并遵循清洁流程，从而维护整个仓库的有序性。

7.1.5 建立质量监控体系

建立严格的质量监控体系，设立质检点对每批货物进行检验。及时发现并处理有问题的商品，提高发货的准确性，增强客户对产品的信任感。

1. 设立质检点

在仓库内设立质检点，对每批货物进行检验，确保货物质量符合标准，减少发错货物的概率。

2. 质量监控流程

建立质量监控流程，明确每个环节的质检责任，确保商品在仓库内的每个阶段都经过质量监控。

7.2 明确商品信息

在跨境电商仓储管理中，明确商品信息是确保仓储过程顺畅进行的关键步骤。明确的商品信息有助于提高库存可见性、降低拣货错误率，并为客户提供准确的发货信息。

7.2.1 商品标识和编码

1. 统一商品编码体系

实施统一的商品编码体系，如国际通用的条形码（UPC/EAN），确保每个商品都有唯一的标识，这有助于防止混淆和错误，并提高拣货的准确性。

2. 二维码标识

为每个商品生成二维码标识，方便扫描和识别。二维码可以包含丰富的商品信息，包括批次、生产日期等，提高库存管理的精确性。

7.2.2 商品信息数据库

1. 建立完整的商品信息数据库

信息数据包括商品名称、规格、重量、尺寸、生产日期等。确保数据库的及时更新,以反映最新的库存状态。

2. 关联供应链信息

将商品信息与供应链信息关联,包括供应商信息、采购批次等,这有助于跟踪商品的来源和生命周期。

7.2.3 实时库存监控

1. 实施实时库存监控系统

利用先进的仓储管理系统,实时监控库存变化。及时更新库存信息,确保仓库内商品的可见性,避免因信息滞后导致的错误。

2. 设立库存预警机制

设立库存预警机制,当库存低于或超过设定的阈值时,系统能够自动发出警报,这有助于及时采取补货或调整库存策略。

7.2.4 质量追溯体系

1. 建立质量追溯体系

对每件商品建立质量追溯体系,包括生产日期、质检记录等。在发现质量问题时,能够迅速追溯到问题商品,并采取相应的处理措施。

2. 批次管理

对于批次管理的商品,要确保批次信息清晰可见,这有助于降低因商品质量问题而引发的风险。

7.2.5 发货信息准确性

1. 发货前核对商品信息

在发货前,仔细核对订单中的商品信息,确保商品的规格、数量等信息与订单一致,这有助于减少发货错误率。

2. 实时更新发货信息

及时更新发货信息,包括快递单号、发货时间等。为客户提供实时的发货状态,提高客户满意度。

7.3 管理流程

跨境电商的仓储管理流程涵盖了从商品入库到出库的全过程,有效的流程管理可以提高操作效率、降低错误率,并确保顺畅的物流运营。

7.3.1 商品入库流程

1. 验收与质检

每批商品入库前进行验收和质检,确保商品的数量和质量与订单一致。不合格商品及时处理,避免对后续流程的影响。

2. 分拣分类

将入库商品按照分类和存放位置进行分拣,确保每个商品都被准确地放置在指定的区域。

3. 信息录入

在仓储管理系统中录入商品信息,包括数量、存放位置、生产日期等,并确保系统中的库存信息与实际一致。

7.3.2 库存管理流程

1. 实时库存监控

利用仓储管理系统进行实时库存监控,随时了解库存水平。设立库存阈值,及时进行补货或调整库存策略。

2. 定期盘点

定期进行库存盘点,确保系统中的库存信息与实际库存一致,及时发现并纠正可能存在的差异。

3. 库存调拨

根据销售趋势和库存状况,进行库存调拨,确保热销商品处于便捷拣货的位置,提高发货效率。

7.3.3 订单处理流程

1. 订单接收

及时接收来自销售平台的订单信息,确保订单信息的准确性。

2. 拣货

根据订单信息,在仓库中拣选相应商品,避免拣货错误。可借助自动化拣选设备提高拣货效率。

3. 包装

对拣选完成的商品进行包装,确保商品在运输过程中的安全和完整。

7.3.4 出库流程

1. 发货单生成

根据订单信息生成发货单,包括发货地址、联系人等信息。

2. 发货

将包装好的商品按照发货单信息进行出库,及时更新系统中的发货信息。

3. 运输安排

安排合适的运输方式和物流合作伙伴,确保商品能够及时送达客户手中。

7.3.5 退货处理流程

1. 接收退货

接收客户退回的商品,进行验收和质检,确保退货商品的状态符合退货政策。

2. 退款处理

根据退货政策进行退款处理,维护客户关系,同时记录退货信息以便后续改进产品质量。

7.3.6 流程优化和改进

1. 定期评估流程效能

定期评估仓储管理流程的效能,找出潜在问题并及时进行改进。

2. 员工培训与意识提升

对仓储管理人员进行培训,提高其对流程重要性的认识,并加强团队合作。

本章小结

本章探讨了跨境电商中仓储管理的关键要素,从规范仓储空间、明确商品信息到仓储管理的流程,全面剖析了构建高效仓储体系的策略和方法。优化布局、制定标准、引入技术等手段,可有效提高操作效率和准确性以规范仓储空间。商品标识、建立数据库、实时监控等方式,可增强库存的可见性和管理的准确性以明确商品信息。仓储管理的流程设计,涉及商品入库、库存管理、订单处理、出库流程、退货处理等多个环节,合理的流程能够保障物流运营的高效性。

在每个环节中,都强调了技术的应用,如智能仓储系统、自动化拣选设备等,为仓储管理注入了先进的科技力量。同时,强调了团队的培训和意识提升,意在通过高效的流程管理和专业的团队协作，打造一个卓越的仓储管理体系。

有效的仓储管理不仅能够提高企业的运营效率，降低成本，更能够为客户提供更快速、可靠的服务，从而在激烈的市场竞争中占据有利地位。通过本章的学习，读者将获得深入理解跨境电商仓储管理的核心原理和实际操作的关键技巧。

跨境电商训练营

一、核心概念

跨境电商仓储管理　高效仓储体系　明确商品信息　实时库存监控　质量追溯体系
跨境电商仓储管理流程

二、同步练习

1. 如何规范仓储空间？
2. 如何明确商品信息？
3. 简述跨境电商仓储管理流程。

三、课外拓展

海兰信智慧仓储管理系统

海兰信，一家中国高科技企业，专注于物联网解决方案的研发和应用。随着跨境电商的兴起，海兰信洞察到智慧仓储在提升全球物流效率中的关键作用。公司开发的智慧仓储管理系统（WMS）结合了物联网、大数据、人工智能等前沿技术，实现仓库管理的高度自动化和智能化。

海兰信WMS的引入，标志着传统仓储管理向数字化、智能化的转变。该系统能够实时监控仓库内货物流动、库存状态和环境变化，通过算法优化货物存储位置，提高空间利用率，减少人工操作错误，实现自动化拣选和包装，极大提升了仓储效率和订单处理速度。此外，WMS还能根据实时数据分析预测库存需求，帮助企业做出更精准的库存决策，降低过剩或缺货的风险。

面对全球化的挑战，海兰信通过在欧洲、东南亚等关键市场建立海外仓，并利用WMS实现海外库存的精细化管理。这一战略不仅降低了物流成本，还缩短了货物的配送周期，提升了顾客满意度，增强了公司的市场竞争力。

在供应链优化方面，海兰信的WMS实现了与供应链上下游企业信息系统的无缝对接，通过数据共享和流程协同，优化了整个供应链的管理效率和响应速度，增强了企业的市场适应能力，提升了服务质量。

此外，海兰信还致力于推动仓储物流的绿色转型。通过 WMS 优化货物存储和运输路径，不仅提高了效率，还减少了能源消耗和碳排放，展现了企业的环境责任感。

（资料来源：https://baijiahao.baidu.com/s? id = 1737501997361245130&wfr = spider&for = pc. 有改动）

问题：

海兰信的智慧仓储管理系统是如何提高仓储效率和减少物流成本的？

第8章 跨境电商海外仓

【学习目标】

知识目标
- 理解海外仓对跨境电商的意义。
- 了解海外仓的三种类型。
- 掌握海外仓的费用结构。

能力目标
- 能够理解海外仓三种类型及其特点,并根据实际情况做出合适的选择。
- 能够合理整合应用海外仓技术。
- 能够掌握海外仓产品规则。

素质目标
- 学习海外仓的战略布局与运营管理,使学生认识到在全球化经济中,企业需要具备的国际视野和竞争意识,理解跨国运营的复杂性和挑战,培养学生面对国际化竞争的能力和信心。
- 分析海外仓在不同国家和地区运营中必须遵守的法律法规及标准,使学生深刻理解跨国经营活动中的法律责任和道德责任,培养学生的法治意识和职业道德观念。
- 讨论海外仓的本地化服务和国际合作策略,培养学生的跨文化交流与合作能力,使学生能够在多元文化的国际环境中有效沟通和协作,为跨国团队工作做好准备。

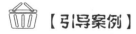【引导案例】

Global Trends:跨境电商的全球物流巧变

全球时尚电商公司 Global Trends(全球趋势电商平台)在迅速扩张的业务中,面临着一个共性问题：如何在全球范围内实现更快速、更经济的商品交付。尽管他们在市场上取得了成功，但随着订单量的增加和用户期望的提升，国际物流的复杂性成为一个愈发突出的挑战。

一天，用户 Sophie（苏菲，人名）在 Global Trends 网站上购物时，被一款新上线的时尚运动鞋深深吸引。然而，Sophie 在下单时犹豫了，因为她曾经在购物过程中遇到过长达数周的交付时间。Global Trends 意识到，提高用户对商品的满意度和信任感需要更迅速、可靠的交付服务。为了解决这一问题，Global Trends 决定引入海外仓战略。他们决定在重要的国际市场建立本地化的仓库，以更贴近客户、提高交付速度、降低运输成本。

Global Trends 首先选择了美国、欧洲和亚太地区的主要城市作为海外仓的建设地点。这样，他们可以更好地覆盖这些地区的市场，减少"最后一英里"的物流时长。通过在每个地区建立海外仓，公司能够实现库存的本地化管理，避免了因跨境而需要的长途运输。

随着海外仓的建设，Sophie 再次访问了 Global Trends 的网站，发现同款时尚运动鞋在美国库存充足，并可享受更短的交付时长。她欣然下单，而商品在她下单的第二天就送达她的门前。这一次的愉快购物体验让 Sophie 对 Global Trends 的品牌印象更加深刻。

除了提高用户满意度，海外仓还使 Global Trends 在运营方面取得了显著的优势。本地化库存管理降低了运输成本，因为商品不再需要长距离运输。此外，海外仓战略也降低了关税和税费，进一步提高了商品的竞争力。

（资料来源：https://mp.weixin.qq.com/s?__biz=MzIwOTY5NDE5OA==&mid. 有改动）

【案例思考】

Global Trends 在跨境电商进程中是如何进行海外仓建设的？

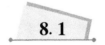

海外仓对跨境电商的意义

在全球化竞争的背景下，海外仓战略对于跨境电商具有深远的意义，从提升交付速度、降低运输成本、提供本地化服务、降低税和税费、应对季节性需求等多个方面对业务产生积极影响。

8.1.1 提升交付速度

跨境电商通过在目标市场建立本地仓库，能够更迅速地实现商品交付。将商品储存在接近消费者的本地仓库，极大地缩短了"最后一英里"的物流时长。这种本地化战略使得消费者能够更快速地收到订单，提高了客户满意度，同时也强化了品牌在目标市场的竞争力。对于现代消费者而言，快速交付已经成为选择商品和品牌的重要考量因素，因此，提升交付速度对于跨境电商来说至关重要。

8.1.2 降低运输成本

建立海外仓不仅提升了交付速度，同时也有效降低了运输成本。传统的国际运输可能涉及长途跨境运输，这会导致高昂的运输费用。通过在目标市场建立本地仓库，跨境电商可以大幅减少长途运输，从而显著降低运输成本。这样的成本降低不仅使企业更具竞争力，还有助于提高毛利水平，促使企业更加灵活地制定价格策略。

8.1.3 提供本地化服务

海外仓的建设使得跨境电商能够提供更本地化的服务。在本地仓库存储商品意味着更快的交付速度，更适应目标市场的库存管理，以及更贴近当地消费者的售后服务。消费者更倾向于与能够提供本地化体验的品牌互动，因此，跨境电商通过海外仓战略不仅提高了品牌形象，还建立了更为牢固的客户关系。通过本地化服务，企业能够更好地理解和满足当地消费者的需求，进而实现业务的可持续增长。

8.1.4 降低关税和税费

在目标市场建立海外仓，能够有效降低关税和税费的支出。商品在目标市场本地发货，可以避免或减少长途运输过程中可能发生的关税和税费。这不仅降低了商品的总成本，还使得商品在目标市场更具竞争力。通过降低税费成本，企业能够更好地控制商品的定价，提高商品在目标市场的价格竞争力。

8.1.5 应对季节性需求

海外仓战略还使得跨境电商更灵活地应对季节性需求。通过在目标市场建立仓库，企业可以更精准地预测和管理季节性销售峰值。在关键时期，本地化库存管理确保了足够的库存供应，提高了销售效益。这种灵活性使得企业能够更好地适应市场的波动，保持业务的稳健发展。

综合来看，海外仓战略对于跨境电商而言，不仅仅是提高运营效率的手段，更是一个全面优化供应链、提升全球物流竞争力的战略性选择。

8.2 海外仓的类型

在跨境电商中，选择合适的海外仓类型至关重要。以下是对第三方海外仓、FBA

（Fulfillment by Amazon）和自建海外仓这三种类型的介绍。

8.2.1 第三方海外仓

1. 特点

① 灵活成本。第三方海外仓通常采用按需付费的模式，避免了企业承担固定成本的压力。企业只需支付实际使用的服务费用。

② 全球网络。第三方海外仓公司通常拥有全球性的仓储网络，覆盖多个国家和地区，为跨境电商提供更广泛的覆盖面。

③ 专业服务。这些物流公司专业从事仓储和物流服务，能够为企业提供高效、专业的仓储管理和物流配送服务。

2. 适用场景

① 适用于不具备自建海外仓实力的小型和中型跨境电商企业。

② 临时性或季节性需求较大的商品，可以根据销售情况灵活调整仓储服务。

8.2.2 FBA

1. 特点

① 销售平台整合。FBA 服务整合在亚马逊平台上，使得企业能够在亚马逊上管理商品、订单和库存，简化了运营流程。

② 全球物流网络。利用亚马逊庞大的物流网络，实现全球范围内的快速配送，提高了交付速度。

③ 信任度提升。FBA 标识让客户对物流服务更有信任感，增加了客户购物的信心。

2. 适用场景

① 在亚马逊平台销售的跨境电商企业，适合想要利用亚马逊品牌效应的企业。

② 适用于注重提高客户体验、追求快速交付的企业。

8.2.3 自建海外仓

1. 特点

① 自主控制。企业完全掌握仓库的运营和管理，具有更高的自主性，可以更灵活地应对市场变化。

② 定制化服务。自建海外仓可以根据企业需求进行仓储系统的定制，满足特殊的仓储和物流要求。

③ 长期投资。自建海外仓通常需要较大的投资用于仓库建设、设备购置和运营，需要长期的规划和投入。

2. 适用场景

① 适用于具备足够资金和管理能力的大型跨境电商企业。

② 适用于对仓储和物流有特殊需求的企业，需要定制化的服务，如特殊的包装、处理流程等。

不同类型的海外仓适用于不同规模和需求的跨境电商企业。企业在选择海外仓类型时，需考虑自身规模、全球销售策略、客户服务需求及资金状况等多方面因素，以确保选择的海外仓能够最好地满足业务需求。

8.3 海外仓的费用结构

海外仓的费用结构是跨境电商企业在选择和使用海外仓时需要深入了解和考虑的关键因素。

8.3.1 仓储费用

仓储费用是指将商品存放在海外仓库中所产生的费用。通常按照每件商品、每平方米仓储空间或每立方米仓储空间等方式计费。存放时间长短、商品体积、重量等因素都会影响仓储费用的计算。

8.3.2 运输费用

运输费用包括商品从生产地到海外仓的运输成本，包括国际运输费等。通常按照运输的距离、货物重量、运输方式进行计费。距离远近、运输方式选择，以及货物的特殊性（是否需要冷链运输）等，都会对运输费用产生影响。

8.3.3 关税费用

关税费用是指商品跨越国际边境时需要向海关支付的费用，通常由进口国政府规定。关税的计算方式因国家和商品而异，通常按照商品的种类、价值、原产地等因素进行计费。商品的种类、价值、原产地、关税优惠政策等都会影响关税费用。

8.3.4 包装费用

包装费用是指对商品进行包装的费用，确保商品在运输过程中不受损坏。按照包装的材料、复杂程度，以及包装的数量等进行计费。商品的特殊性、运输方式、包装要求等，都会影响包装费用。

8.3.5 配送费用

配送费用是指从海外仓直接发货至客户手中的费用，包括快递费用、"最后一英里"配送费用等。通常按照快递公司的标准费率或合作协议进行计费。配送地区、快递服务类型、配送速度等都会影响配送费用。

8.3.6 管理费用

管理费用是指海外仓服务商提供的仓储管理服务所产生的费用,包括库存管理、订单处理等。通常按照订单数量、库存数量、服务级别等进行计费。企业选择的服务级别、订单处理的复杂程度等,都会影响管理费用。

8.3.7 系统使用费用

系统使用费用是指使用海外仓服务商提供的仓储管理系统所产生的费用。通常按照使用频率、功能定制等进行计费。是否需要定制化功能、使用频率、系统服务水平等,都会影响系统使用费用。

8.3.8 其他费用

其他费用包括一些杂项费用,如退货处理费、商品标签费等。具体费用根据服务商的规定而定。具体的服务需求和服务商的政策都会影响其他费用的发生。

全面了解这些费用结构,企业可以更好地制定物流预算、优化成本结构,提高物流效率,确保海外仓服务符合企业的战略需求。

8.4 海外仓技术

在现代跨境电商中,海外仓技术是提高物流效率、降低成本、增强管理能力的关键因素之一。通过技术的整合和应用,海外仓管理能更加智能、高效、可控,满足现代跨境电商对于快速、准确、可追溯的物流需求。

8.4.1 仓储管理系统

仓储管理系统是一种通过计算机技术实现对仓储活动全面管理的系统。它可以跟踪和管理商品的进出、存储位置、库存水平等信息。主要功能:实时监控库存,减少库存偏差和丢失;优化货物存储位置,提高仓储空间利用率;自动化订单处理,降低人工错误率;提供数据分析,帮助企业做出更明智的仓储决策。

8.4.2 射频识别技术

射频识别(RFID)技术是一种无线通信技术,通过在商品上附加 RFID 标签,实现对商品的无接触式识别。主要功能有：实现快速而准确的商品追踪；提高仓库作业效率，减少盲目搜寻时间；减少人工操作错误，提高库存准确性。

8.4.3 物联网

物联网是通过互联网连接各种设备，实现设备之间信息交互的技术体系。主要功能有：实现设备之间的实时通信，提高仓储效率；利用传感器监测温湿度、光照等环境因素，确保商品质量；提供远程监控和管理功能，方便对全球仓库的实时监测。

8.4.4 自动化和机器人技术

自动化和机器人技术包括自动化仓储系统、AGV（自动导向车）、无人机等，用于替代人力完成一些重复性、高风险或高强度的仓库作业。主要功能有：提高作业效率，降低人力成本；提高作业精度，降低错误率；全时段运营，实现全天候的物流服务。

8.4.5 人工智能和大数据分析

人工智能和大数据分析技术用于处理和分析海量的仓库数据，以提供智能化的仓储决策支持。主要功能有：预测需求，优化库存管理；通过学习算法优化订单处理流程；提供实时数据分析，帮助企业快速响应市场变化。

8.4.6 云计算

云计算是通过互联网提供计算服务，包括存储、数据库、网络、分析等。主要功能有：实现实时数据共享，促进全球仓库协同作业；降低企业运维成本，提高数据安全性；可扩展性强，适应业务规模的变化。

8.4.7 智能包装技术

智能包装技术通过集成传感器等设备，实现对商品包装过程的智能化监控。主要功能有：检测商品包装完整性，防止货损；实现包装的自动化和定制化，提高包装效率；提供实时包装过程监测，确保包装符合标准。

8.5 海外仓产品规则

8.5.1 海外仓产品前台展示

只有做到充分分析和研究，才能选择出适合的产品在店铺前台展示，并且做到最大化效用地使用海外仓。以下产品适用于海外仓产品前台展示。

1. 质量好、利润高、价格高的产品

不会因运输时间长、多次长途周转而有所损耗的产品，附加值高、利润高、价格高的产品都适于使用海外仓。价格低廉且利润低的产品不适合，因为将产品销售出去之后，不能保证每个用户对订单都是好评，在产生售后服务时，如果没有足够的利润作为支撑，那么产品放在海外仓销售就毫无意义。

2. 销售周期短的产品

最好在海外仓储存销售周期短的产品，如热销产品，因为产品销量好，库存周转快，这样才能良性循环，而不会发生积压滞销的情况，也有利于电商企业回笼资金。考虑到不同地域、不同时节畅销的产品是不一样的，电商企业需要实时关注市场动态，以制定灵活的销售策略。

3. 库存充足、易补给的产品

在使用海外仓之前，电商企业应该先进行市场动态分析、库存分析和货源分析，除把控好产品质量以外，也要求保证产品货源充足，保证补给稳定。无法保证货源与补给的产品，不适合使用海外仓。因为一旦热销起来，店铺却没有足够产品去销售，且后期补给跟不上来，就会对账号产生很大影响，导致买家对店铺产生不满。

4. 尺寸大、重量大的产品

尺寸大、重量大的产品如果使用国际快递来运输至海外，一是运费昂贵，二是会受到产品规格限制，而使用一般贸易形式完成产品的运输就要方便很多。电商企业可以使用空运或者海运方式进行批量运输，以有效降低运输成本，保证发货的时效性，优化买家的购买体验。

8.5.2 海外仓产品服务规范

海外仓中的产品和普通仓储有所区别。海外仓的货物由于不是当地生产的产品，所以在产品服务方面，应结合当地对同类型产品的要求，在销售过程中和售后服务过程中尽量符合当地规范，保质保量地做好产品服务。

对海外仓自身而言，系统是否使用流畅、高效、成熟也是其能否高效完成整个服务流程的关键。从某种程度上来说，这也是服务商、买家、产品、海外仓、物流公司之间的信息对接。

据了解，很多海外仓系统开放了 API（应用程序接口），可以为电商企业提供 eBay、亚马逊以及自有网站的对接口，以此实现 eBay 订单的自动加载和 Amazon 订单的随时导入，并且实现追踪号批量更新。因此，电商企业也可以省去录入产品订单信息、填写产品单号、处理售后等各种麻烦。除此之外，很多海外仓系统还支持物流公司为买家提供一键代发和包装、退换标、拍照等服务；一些海外仓的仓储管理系统还可以进行多种模式的费用自动收取,像自动收取运费、仓租费、库费、退货处理费、上架费、出库处理费、增值服务费等服务费用。

8.5.3 海外仓产品奖励资源

海外仓已经成为跨境电商的一种选择,使用海外仓的电商企业能够向买家提供更为完善的物流和售后服务,提高买家对服务的满意度。例如,全球速卖通平台就大力扶持使用海外仓的电商企业。

全球速卖通表示,使用海外仓的电商企业,可以根据海外仓所在地填写商品基本信息,并在电商企业的店铺上架。买家可以通过搜索页、商品详情页、搜索筛选项等页面了解产品信息。同时,这些电商企业的产品还将可以入驻全新上线的海外仓栏目,享受独家的推广资源,并且可以参加在美国主站及其他各个国家站点举办的海外仓专场活动。除此之外,入选的海外仓电商企业还可以享受专属的免费推广资源,参加全球速卖通无线端专场热卖活动,并针对目标国家的买家进行专门推广。

此外,亚马逊、eBay、Wish 都对在目标国设有海外仓的电商企业进行了扶持,并提供了不同程度的奖励资源,奖励多是为其店产品加大宣传,定向地向当地买家进行专项推广。

8.5.4 海外仓产品增值税

对跨境电商而言,如果要在国外,如欧盟诸国设立海外仓,那么从设立的那一刻起,就需要在所在国进行增值税登记。比如,亚马逊平台英国站的卖家收到亚马逊英国电话,要求 6 月 30 日前必须在亚马逊英国站后台提供 VAT(增值税)税号。这一要求其实就是针对海外仓卖家施行的。

以英国为例,当货物进入英国,就需要缴纳进口税,货物销售后,商家则可以退回进口增值税,再按销售额缴纳相应的销售增值税。英国的增值税一般有三种:第一种是针对大部分产品和服务征收的 20% 的标准税率,第二种是针对一些诸如家庭用电和暖气征收的 5% 的低税率,第三种是针对诸如生活必需品、儿童衣服用品和未经加工食品征收的零税率。卖家实际缴纳的增值税为销售增值税减去进口增值税之后的数额。

对英国而言,凡卖家的产品使用英国本地仓储发货,就需要缴纳增值税,也就是说,货物在销售时,货物的实际存放位置是在英国当地,而并非由英国买家个人进口进入英国,在增值税应缴范畴。而那些商家货物所在地不在英国,只是在欧洲发布的,就不在增值税应缴范畴,如邮政小包从中国发往欧洲。对于使用海外仓的快递企业而言,增值税是一个无法避免的款项。

拥有海外仓的企业该如何完成增值税缴纳,从而避免一些不必要的麻烦呢?毕竟如果卖家不及时缴纳增值税,会受到所在地海关总署如罚款、货物查封、向平台举报等不同程度的处罚。仍以英国为例,符合条件的征收对象需要先注册一个增值税账号,而后才能进行增值税缴纳。这个增值税的号码是唯一的,征收对象所使用的海外仓储服务公司不能代缴,同时也不能使用提供海外仓储服务的公司或者是其他个人提供的增值税号码作为自身的增值税账号。征收对象在收到增值税号后,根据提供的申报期按时申报就行。

另外还有一些小问题需要注意。比如公司更改名称了,如果公司的证书代码不变,则增值税号可以继续使用;如果证书代码发生变化,则增值税号不能继续使用;同一个增值税账号被平台上不同的账号使用会发生关联;等等。

8.5.5 海外仓滞销产品处置办法

海外仓滞销产品的处理方式有很多,最常见的有以下四种,跨境电商卖家可以根据自身情况来选择最适合自己的办法。

1. 产品折扣

产品折扣就是利用让利的方式将滞销产品销售出去。大多数跨境电商平台都会为跨境电商卖家提供相应的促销活动,如常见的秒杀活动。符合平台条件的电商卖家可以将仓库库存报给电商平台参加促销活动,用低价产品吸引买家,以此完成销售活动。电商卖家还可以使用捆绑销售、满减优惠等方式吸引买家购买滞销产品,以减轻自己在海外仓的库存压力。

2. 海外分销

电商卖家可以使用多平台方式进行产品分销。使用多个平台销售产品可以有效提高产品的宣传流量,提高产品销售量,以减轻海外仓库存压力。电商卖家还可以使用委托第三方卖家的方式来分销仓库滞销的货品,以此拓宽销售路线。

3. 销毁

由于海外仓有着价格不菲的管理费用,所以销毁滞销产品是一种常见的处理办法。对临近保质期的产品或者低价值产品来说,二次销售的综合成本可能高于货品本身的价值,所以使用销毁的处理办法是最佳的选择。销毁是亚马逊平台最常使用的产品处理办法。

4. 转让

很多卖家不想在滞销产品上花太多时间和精力,所以没有选择产品折扣和海外分销方式进行销售,转而选择使用转让方式将货品快速处理掉。一般是在当地以低价直接将货品转让给第三方,第三方接手货品后自行处理。

本章小结

本章详细探讨了海外仓对跨境电商的重要性,介绍了三种常见的海外仓类型:第三方海外仓、FBA和自建海外仓。本章强调了合理规划海外仓的费用结构,包括仓储费、配送费等方面的成本,以确保企业在全球化运营中具备竞争力。在未来的业务扩展中,通过灵活选择适合自身业务模式的海外仓类型,企业可以更好地满足客户需求,提高国际物流效率。合规纳税、税务咨询、税务筹划等方面的建议将有助于企业规避风险,更好地适应全球市场。

跨境电商训练营

一、核心概念

第三方海外仓　FBA　自建海外仓　仓储管理系统　RFID 技术　物联网　自动化和机器人技术　人工智能和大数据分析　云计算　智能包装技术

二、同步练习

1. 简述海外仓对跨境电商的意义。
2. 简述三种不同类型海外仓的特点和适用场景。
3. 海外仓有哪些费用?

三、课外拓展

泽璟制药

——医药跨境电商的海外仓战略

泽璟制药作为一家具有全球视野的中国医药企业,在跨境电商领域采取了前瞻性的海外仓战略,以应对全球市场对医药产品的需求。通过在关键地区建立海外仓库,泽璟制药不仅提高了其产品的国际竞争力,也为全球消费者提供了更快速、更安全的医药产品。

泽璟制药精心选择了位于关键市场的海外仓位置,如欧洲、美国、东南亚等地区和国家,以确保其产品能够迅速进入主要的医药市场。这些海外仓库不仅可作为物流配送中心，也充当了泽璟制药全球供应链的关键节点，极大提高了企业响应国际市场变化的能力。

在医药行业，产品的保质期、储存条件等都对库存管理提出了极高要求。泽璟制药利用先进的仓储管理系统，实现了对海外仓库内所有产品的实时监控。系统能够根据产品的销售数据和保质期，智能调整库存水平和补货计划，最大限度地减少了库存积压和产品过期的风险。

医药产品的合规性和质量是泽璟制药最为关注的两大方面。每个海外仓库都设有专业的质量控制团队，负责监督产品的储存条件和运输过程，确保所有产品在到达消费者手中前都符合目标市场的法规要求。此外，泽璟制药还定期对海外仓库进行审计，以确保操作流程的合规性和高效性。

泽璟制药深知，优质的客户服务是提升品牌信任度和顾客满意度的关键。因此，除了提供高质量的医药产品外，公司还在每个海外仓库提供了一系列的本地化服务，如产品说明书的多语言翻译、本地客服支持等，确保全球消费者能够获得与本土企业相媲美的购买体验。

泽璟制药的海外仓战略是其跨境电商成功的重要因素之一。通过高效的库存管理、严格的质量控制及贴心的本地化服务，泽璟制药不仅提升了自身品牌的国际形象，也为全球消费者提供了更加安全、便捷的医药购买渠道。

（资料来源：https://www.vzkoo.com/read/20231113b31c7 3cfd2225515898e9151.html. 有改动）

问题：

泽璟制药如何通过海外仓战略提升其医药产品的国际竞争力？

第9章 跨境电商支付

【学习目标】

知识目标
- 了解跨境电商常用的支付方式。
- 掌握跨境电商支付方式的技巧。
- 了解不同国家的支付习惯。

能力目标
- 理解不同跨境电商支付方式的优缺点。
- 能够根据实际情况选择合适的支付方式。
- 能够根据不同国家的支付习惯选择合适的支付方式。

素质目标
- 通过了解跨境电子支付的最新技术和应用,激发学生对金融科技领域创新的兴趣和追求,培养学生在未来金融科技发展中的创新思维和实践能力。
- 通过学习跨境电子支付系统中的多币种处理、汇率转换等问题,增强学生对国际金融市场运作机制的理解,提升学生在复杂国际金融环境下的应用能力和决策能力。
- 结合跨境电子支付中的安全保障和风险管理策略,培养学生的网络安全意识和风险评估能力,使学生能够在未来的职业活动中有效识别和防范金融风险。
- 强调在跨境电子支付活动中应遵守的法律法规和伦理标准,使学生深刻认识到在金融科技应用中坚持诚信、公正和保护消费者权益的重要性,培养良好的职业道德观和社会责任感。

跨境电商

【引导案例】

中国跨境支付蕴含着巨大发展机遇

海关数据显示，中国跨境电商2023年上半年的进出口额达到了1.1万亿元，同比增长16%。另央行数据显示，2023年1—8月，支持银行和支付机构凭交易电子信息办理跨境电商外汇收付业务的交易数量约为6亿笔。

中国的跨境电商行业也正在从此前以批发和B2B的模式，向DTC（直接连接消费者）模式转变，这对跨境公司和跨境支付公司都提出了新的挑战和要求。在DTC模式下，中国的跨境商户有机会把商品直接卖给海外消费者，这就要求中国商户增强需求洞察能力，否则没有办法服务好海外的消费者。同时，中国的跨境电商也正从完全依赖平台走向多样性经营，这可以让跨境电商企业拥有自己的流量，不受大平台限制，但也让其面临技术和海外链条整合能力等的挑战。

近年来，随着跨境电商等行业的发展，越来越多的国内支付企业不断涉足并深耕跨境支付领域。随着跨境电商的行业发展，跨境商户拥有了多渠道经营能力，这对提供跨境支付的企业来说，就要有能力支持跨境商户的多样化需求。

PayPal（美国在线支付服务商）中国区CEO（首席执行官）邱寒指出，中国跨境商户已从早期业务只涉及英语国家，慢慢拓展到了欧洲，现在有很多商户开始关注新兴国家，这就意味着，只有拥有遍及全球的支付网络，才能适应他们新的需求，能够更好地支持他们全球发展的趋势。同时，对于中国商户来说，安全性和合规性非常重要，其中资金安全性是最核心的。因此，中国商户对于企业在当地的安全性、合规性的要求和链条当中的保障措施非常关注。

"在这些领域，PayPal具有发展优势。"邱寒表示，PayPal和国内支付公司没有竞争，在一些领域还有合作。PayPal主要服务的买家是海外用户，而中国出口电商面对的客群是海外消费者。由于海外使用的支付工具和国内不同，因此PayPal并非与国内的支付工具形成竞争关系。

此外，对于跨境电商企业，邱寒建议，从长远发展的角度，合法合规经营极为重要。安全性和持续性高于短期的利益，而且对于越大的企业来说，这点更为重要。由于国内外市场、监管环境的差异，如果不能做到合法合规经营，在一定时期的过度激进，可能会带来超速增长，但对于长远发展不利。

（资料来源：https://www.bjnews.com.cn/detail/1693975175129294.html. 有改动）

【案例思考】

跨境电商的发展对跨境公司和跨境支付公司提出了哪些新的挑战和需求？

9.1 跨境电商常用的支付方式

9.1.1 电汇

电汇（Wire Transfer）是一种传统而可靠的跨境支付方式，通过银行之间的资金划转完成。企业通常选择电汇进行大额交易，特别是在国际贸易中。其全球通用性使其成为企业在全球范围内进行企业之间的资金往来时的首选。电汇的过程相对简单，涉及两个银行账户，汇款方需要提供收款方的银行信息。电汇的缺点是相对较高的手续费和可能的汇率波动，以及较长的交易完成时间。这使得电汇在小额交易和需要即时确认的场景中不太适用，但在大额交易中仍然是一种安全可靠的选择。

电汇的过程与步骤如下：

① 汇款申请。汇款方向本地银行提出电汇申请，提供收款方的详细信息，包括账户号码、开户行信息以及国家和地区的相关代码。

② 资金划拨。本地银行通过国际清算系统将资金划拨至国外银行。这一过程可能需要经过多个中间银行，每个中间银行都可能收取一定的手续费。

③ 接收与清算。收款方的银行接收到资金后，将其清算至收款方账户。在这个过程中，可能会涉及汇率的转换，根据当时的汇率确定最终到账金额。

9.1.2 西联汇款

西联汇款（Western Union）是一种小额跨境支付的快捷方式，尤其适用于紧急的小额资金转移，如个人之间的汇款。西联汇款的优势在于其全球网络，为用户提供了广泛的代理点，方便用户在全球范围内进行资金的领取。

与之相关的缺点，是较高的手续费和适用于小额支付的特性，在大额交易场景下，西联汇款可能并不是最经济和便捷的选择。另外，西联汇款的手续费由买家承担，而且可以先提钱再发货，对卖家而言比较划算。但是，对买家而言存在一定支付风险，很多买家担心自己支付后卖家不发货，因此不易被大多数买家接受。

9.1.3 MoneyGram

MoneyGram（速汇金）是一家提供国际汇款服务的公司，为用户提供跨境小额支付的快捷通道。MoneyGram与西联汇款类似，主要用于小额国际支付。它提供快速汇款服务，适用于紧急小额支付的场景。MoneyGram的操作简便，用户无须拥有银行账户即可使用。用户可以在 MoneyGram 的服务点或在线平台提交汇款信息，包括收款人姓名、收款国家和金额等。完成汇款后，MoneyGram 生成唯一的交易号，汇款方通知收款人提供该交易号，以便后者在全球范围内的服务点领取资金。MoneyGram 的服务点遍布全球，提供了快速、便捷的国际小额支付服务，适用于个人之间的紧急资金转移。

尽管 MoneyGram 在安全性方面采取了多层次的措施，包括加密技术和实名制，但其手续费相对较高，而且存在交易限额，使得它更适用于小额支付而不是大额跨境交易的场景。

9.1.4 PayPal

作为一种在线支付工具，PayPal（贝宝）在全球范围内广泛应用于跨境电商和网购。用户可以通过邮箱关联账户，方便快捷地进行交易。PayPal 的相对较高安全性和多层次的安全措施，以及全球通用性，使得其在小额交易中备受青睐。然而，商家需要支付一定的手续费，而用户账户可能受到一些限制。

PayPal 的特点可以集中在买家和卖家上进行阐述。

对买家而言：一是安全，买家付款时不用向商家提供任何敏感金融信息，享有 PayPal 买家保护政策；二是简单便捷，集多种支付途径于一体，买家两分钟即可完成账户注册，同时具备多国语言操作界面，支持信用卡在内的多种支付方式，数万网站都支持 PayPal，只需一个账户即可买遍全球；三是 PayPal 不向买家收取任何服务费。

对卖家而言：一是效率高，PayPal 实现了网上自动化支付清算，有效提高了运营效率；二是安全性好，PayPal 具有成熟的风险控制体系，内置防欺诈模式，个人财务资料不会被泄露。据统计，使用 PayPal 支付方式的商家因欺诈而遭受的损失不到其收入的 0.27%；三是可以帮助卖家节省费用，卖家无须支付开户费及年费，只有在交易过程中才需付费；四是 PayPal 还集成了常见的国际支付网关。

9.1.5 国际支付宝

国际支付宝（Alipay）即支付宝的国际版，是阿里巴巴与支付宝公司联合开发的，其设计的初衷是在国际在线交易中为买卖双方的交易安全提供第三方担保服务，功能包括对交易的收款、退款、提现等。对用户而言，如果已有国内支付宝账户，则只需绑定国内支付宝账户即可，不用再申请国际支付宝账户。如果没有国内支付宝账户，登录 Alipay 官网，设置自己的账户即可。

国际支付宝的服务模式和国内支付宝类似，在交易过程中，都是先由买家将货款转移至第三方交易平台支付宝或国际支付宝账户中，然后第三方担保平台通知卖家发货，买家在收到商品并确认没有问题后，第三方担保平台将货款转至卖家，这时一笔网络交易就算完成。

国际支付宝有它自身的一些特点和优势。国际支付宝是第三方支付担保服务，并非支付工具，安全性能极高。它的风控体系能够保护用户在交易中免受信用卡盗刷的欺骗，而且国际支付宝仅在收到货款的情况下才会通知发货，在买家确认收货后才将货款转至卖家账户，这样可以避免使用其他支付方式存在的交易欺诈风险。

同时，国际支付宝支持多种支付方式，包括信用卡、电汇等，未来还会有更多支付方式陆续被引入。另外，这种线上支付方便快捷，足不出户就可以完成交易，然后送货上门，给消费者以极大的便利。国际支付宝无须预存款项，也不收取任何服务费用，全球速卖通会员只需绑定国内支付宝账户和美元银行账户就可以实现两种货币收款。

9.1.6 信用卡支付

信用卡支付作为跨境电商中广泛采用的支付方式，提供了便捷、即时的购物体验。在使用信用卡支付时，持卡人通过在线平台提交卡号、有效期和 CVV 码（信用卡验证码）等信息，完成支付授权，整个流程快速且便捷。信用卡支付的优势在于即时确认、全球通用及方便的账单追踪，使其成为消费者首选的支付方式之一。

然而，需要注意的是，一些跨境交易可能伴随额外的国际交易手续费，而且存在信息安全的担忧。对于大额交易，可能存在限额和较高手续费的问题，因此购物者需根据具体情况权衡利弊。尽管信用卡支付采用了安全协议和实时欺诈检测等措施，但购物者仍需保持警惕，确保个人信息的安全。总体而言，信用卡支付在跨境电商中以其全球通用性和便捷性为消费者提供了一种可靠的支付选择。

9.1.7 区块链支付

区块链支付是一种基于去中心化技术的数字支付方式，例如比特币和以太坊。用户通过数字钱包发起支付请求，其中包括支付金额和收款方的数字地址，支付信息被添加到区块链网络，经过一定数量的区块确认后完成交易。区块链支付的优势在于去中心化、实时结算和隐私保护，消除了传统支付中的中介环节，提高了支付的透明度和安全性。

然而，其在市场接受度、加密货币市场波动性及技术难度上仍存在挑战。安全性方面，区块链支付采用了先进的加密技术和智能合约，确保了交易信息的安全传输和存储。未来，区块链支付有望推动创新应用，如去中心化金融和可编程货币，为支付领域带来新的可能性。尽管区块链支付仍需发展和完善，但其在数字化时代中为支付方式带来了新的前景。

9.2 支付方式的选择

在进行跨境电商支付时,选择合适的支付方式是至关重要的。合理选择支付方式是提高跨境电商支付成功率和用户满意度的关键。了解用户的支付习惯,提供多样化的支付方式选择,并谨慎辨别支付风险,将有助于建立可靠的支付体系,促进全球电商业务的顺利进行。

9.2.1 考虑不同国家的支付习惯

了解不同国家和地区的支付习惯,对于成功拓展跨境电商业务至关重要。某些国家更倾向于使用信用卡,而另一些可能更喜欢使用本地的数字钱包或特定的支付方式。在制订支付策略时,了解目标市场的文化和支付偏好,可以提前适应并提供符合用户期望的支付方式,增强用户购物体验。

假设你的跨境电商公司目标市场是巴西。在巴西,Boleto Bancário 是一种非常流行的支付方式,尤其是在那些没有信用卡或倾向于避免使用信用卡的消费者中。Boleto Bancário 是一种可在银行、超市或邮局生成的票据,消费者可以选择在线支付或在实体店铺付款。因此,若你的电商平台希望在巴西取得成功,就需要提供 Boleto Bancário 这样的本地支付方式,以迎合巴西消费者的支付偏好。

通过提供巴西消费者常用的支付方式,你的电商公司将能够更好地融入当地市场,建立信任,并吸引更多的消费者完成购物交易。这种灵活性和适应性有助于跨境电商在全球范围内提供更广泛的支付选择,满足不同地区的独特需求。

9.2.2 多种支付方式搭配使用

多元化支付方式选择有助于提高用户的支付便利性,并满足不同用户的需求。除了支持信用卡支付外,还可考虑接受其他流行的国际支付方式,如智能 POS(销售终端)、PayPal、信用卡、国际支付宝等。这样的搭配使用不仅可以吸引更多的国际消费者,还有助于提高购物车转化率,因为用户更有可能选择熟悉和信任的支付方式。

9.2.3 谨慎辨别支付风险

支付风险是跨境电商中需要高度关注的问题。在选择支付方式时,要谨慎辨别各种支付风险。对于新兴支付方式或在某些地区使用较少的支付方式,需要进行全面的风险评估。与信誉良好的支付服务提供商合作,采用高级的支付安全技术,实时监控交易活动,可以有效降低欺诈和非法交易的风险。

信用卡是一种对于买家和卖家都存在风险的支付方式。对买家而言,欧美买家是比较习惯于使用信用卡消费的群体,而且往往习惯于无密支付,消费者只需要输入卡号、有效期和 CVV 码就可以完成支付流程,这就给不法分子实施欺诈提供了极其便利的机会。现在的国际信用卡都开通了拒付功能,这对商家而言也是潜在的风险。

电汇和西联汇款这两种支付方式都采取收到货款后发货的方式,这种交易方式对卖家是极其有利的,而对买家却存在一定风险。很多买家会担心货款汇到后卖家不发货,这也常常影响交易额的完成率。不过交易过程中需要买家、银行和卖家三方就交易信息进行确认和沟通,比起信用卡的欺诈和盗刷等风险,这种交易的风险还是比较小的。

汇款人在用 MoneyGram 办理汇款业务时会设置一个收款密码,随后将这一密码告知收款人,收款人凭借密码和相关身份证明到银行取款,一般不容易出问题,安全系数较高。

通过以上分析可以看出,跨境电商交易支付方式的风险是不同的,不但不同的支付方式有不同的风险,就是同一支付方式下买家和卖家的风险也是不同的,买家和卖家在选择支付方式时一定要仔细甄别,要选择对自己最安全的那一种,以避免在交易过程中受损失。

本章小结

支付作为电商交易的核心环节,对于企业的跨境电商业务至关重要。本章探讨了跨境电商中的支付方式选择,讨论了不同国家的支付习惯,强调了了解目标市场的文化和支付偏好对于提高用户体验的重要性,以及学会多种支付方式的搭配使用和谨慎辨别支付风险可以确保支付环节顺利。

支付和收款是跨境电商不可或缺的组成部分,企业需要根据不同国家的文化和法规制定合适的策略。通过本章的学习,读者将更好地理解跨境电商中的支付体系,为国际业务的拓展打下坚实的基础。

跨境电商训练营

一、核心概念

跨境电子支付 跨境电商支付方式 电汇 西联汇款 MoneyGram PayPal 国际支付宝 信用卡支付 区块链支付

二、同步练习

1. 跨境电商常用的支付方式有哪些？
2. 简述跨境电商支付方式的选择技巧。
3. 你还知道哪些国家的支付习惯？

三、课外拓展

网易考拉构建跨境电商支付生态

网易考拉作为中国领先的跨境电商平台，面对复杂多变的国际支付环境，一直在思考如何为用户提供既安全又便捷的支付体验。通过构建全面的跨境支付生态系统，网易考拉不仅优化了用户的支付体验，也提升了整个平台的交易安全性和效率。

考虑到全球用户的支付习惯和货币种类的多样性，网易考拉开辟了多币种支付功能。这一创举不仅满足了不同国家消费者的需求，也极大地提升了用户的购物便利性。网易考拉通过与国际知名的支付服务提供商合作，实现了货币的实时兑换和跨境结算，确保了支付过程的流畅和高效。

在跨境电商交易中，支付安全是消费者最为关心的问题之一。网易考拉采用了多层次的安全措施来保障交易的安全，包括但不限于SSL（安全套接层）加密技术、实名认证系统和智能风险监控系统。特别是引入了基于大数据和人工智能的风险管理系统，能够实时监控交易行为，有效识别和预防欺诈风险。

网易考拉深知，优秀的用户体验是电商成功的关键。因此，平台不断优化支付流程，减少用户操作步骤，提供多种便捷的支付方式，如支付宝、微信支付等。此外，网易考拉还提供了一键支付、分期付款等多样化的支付选项，满足不同用户的支付需求，极大地提升了用户满意度。

为了确保支付服务的全球覆盖性和高效性，网易考拉建立了广泛的全球支付合作伙伴网络。这些合作伙伴包括全球领先的支付平台、银行和金融机构，共同为用户提供稳定、可靠的支付服务。通过这样的合作网络，网易考拉不仅能够实现全球范围内的支付服务，也能够及时适应各地区支付市场的变化和需求。

网易考拉通过构建全面的跨境电商支付生态，不仅提升了用户的支付体验和交易安全性，也为平台的国际化发展奠定了坚实的基础。网易考拉的支付生态系统是其跨境电商模式成功的关键因素之一，为全球消费者提供了一个安全、便捷、多元化的购物平台。

（资料来源：https://www.163.com/dy/article/GR6F5E9K0511805E.html. 有改动）

问题：

全球支付合作伙伴网络对于跨境电商平台有何作用？

第10章 跨境电商物流

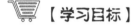【学习目标】

知识目标

- 理解跨境电商物流的特点。
- 掌握跨境电商物流的运输方式和服务模式。
- 理解跨境电商物流的服务模式创新。

能力目标

- 树立正确应用跨境电商物流运输方式和服务模式的意识。
- 能够比较不同运输方式和服务模式的异同。
- 结合跨境电商物流发展的现状，理解跨境电商物流服务模式创新。

素质目标

- 增强学生民族自豪感和爱国情怀。
- 培养学生良好的职业素养和道德素质。
- 培养学生严谨务实的工作作风和精益求精的工匠精神。

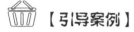【引导案例】

助力国货跨境出海
——浙江邮政深耕国际业务市场侧记

2022年12月初，浙江省启动"千团万企拓市场抢订单行动"。浙江省邮政分公司积极助力跨境电商企业发展，为客户提供专业、高效、全面的国际寄递服务，助力国货跨境出海。2022年12月至2023年1月，浙江邮政日均发运国际邮件量超80吨。截至2023年4月底，累计发货总量达6 298吨。

1. 推广中邮海外仓，提供一站式服务

经过细致的市场调研，浙江省分公司以"集中调配货物，缩短物流距离"为切入点，组建海外仓项目团队，收集客户信息，走访潜在客户，为企业提供"海外仓储＋配送"的一站式服务，并制定精准的发货时间表及海外仓全环节流程图，有效地为企业解决了跨境物流时效长、邮件破损率高等难题，帮助企业在保产稳收的同时开拓市场、增加销量，获得了各大平台和企业的认可。

近年来，跨境电商平台日益发展壮大，客户对物流时效的要求也越来越高。为了更好地解决发货速度慢、等待时间长等问题，金威国际贸易公司尝试通过中邮海外仓发货。该公司接到海外订单后，直接从海外仓库发货，在当地配送，邮件时效更快，破损率更低，资费也更便宜。

杭州市萧山区邮政分公司近年来逐步拓展海外仓业务，现有14家客户使用中邮海外仓业务，大多为工贸一体规模型企业。这类企业往往对服务品牌、规范以及服务覆盖程度和售后服务等方面有诸多考虑。多位企业负责人表示，中邮海外仓为他们的海外业务拓展提供了强有力的支撑，减少了企业的后顾之忧，也增强了企业继续拓展海外业务规模的信心。目前，有2家上市公司、4家行业顶级企业与萧山邮政建立了长期合作关系。2022年，萧山邮政海外仓业务收入同比增长285％。

2. 开展国际集运服务，助力"逆向海淘"

随着跨境电商的蓬勃发展，海外人士通过国内电商平台购买中国商品的"逆向海淘"迅速兴起，价格较低的集运发货也成了首选发货形式。随之，越来越多经营集运业务的公司急切寻找性价比高的渠道进行发货。

与义乌市邮政分公司有着多年合作的某电商有限公司负责人表示："公司自2016年开展跨境平台集货业务以来，就一直与义乌邮政保持着紧密的合作。为满足各类采购商和买家的需求，公司在选择物流渠道时会更重视整体服务的稳定性、可靠性，也会着重考虑到过往相互配合的默契程度。"公司负责人坦言，在疫情严峻的时候，义乌到日本大阪的国际货邮航线依然保持着高频运行，解了他们公司的燃眉之急，那段经历加深了他们与邮政之间的信任。

为了能够更好地助力"中国制造"走向全球，浙江省分公司因地制宜，充分发挥邮政渠道在清关、计泡等方面的优势，通过包机、包舱、包板等形式，为集运客户提供"收货—理货—打包—发运"一系列服务。同时，提供主动客服，全程跟踪邮件信息，并实时与客户保持沟通交流，遇到问题及时响应，积极妥善处理，确保让客户放心和满意。

3. 拓展渠道提运能，保障客户发运需求

面对激增的发运需求和国际运能紧张的局面，浙江省邮政寄递事业部积极与承运商沟通，深度整合邮政渠道与商业渠道，在温州、义乌至日本邮航专线的基础上，在杭

州、宁波口岸集采社会运能作为补充,在河南郑州口岸补充采购欧美线路运能,实现出口运能全覆盖。同时,为客户制订综合性解决方案,选择最佳发运渠道,确保客户的货物能及时发运、安全到达目的地。

宁波市邮政分公司联合当地20余家优质海运渠道供应商,建立了宁波海运集拼中心,为本地客户提供中速快运"港到港"整柜、拼柜、海铁联运等服务。2022年10月,宁波邮政还推出发往日本横滨的海运包裹业务,打通了宁波到日本的海、空渠道,拓宽了国际邮件发运渠道。

2022年11月18日,宁波国际邮件互换中心启用运营,为宁波发展空港、海港、邮路、铁路等多式联运增加新动力。据宁波邮政国际分公司总经理朱哲弘介绍,该中心在满足企业实际需求的同时,叠加商业快件、海运包裹、中邮海外仓宁波中转仓、跨境电商仓储等服务,助力本地消费者和企业"买全球""卖全球"。

(资料来源:https://www.chinapost.com.cn/html1/report/2305/5484-1.htm. 有改动)

【案例思考】
1. 浙江邮政如何打造跨境物流一站式服务?
2. 为更好地满足发运需求,浙江邮政在拓展渠道方面是如何发力的?
3. 浙江邮政的做法对其他跨境物流企业有什么启示?

10.1 跨境电商物流的特点

物流服务作为供应链的重要组成部分,是对商品、服务及相关信息从产地到消费地的高效、低成本流动和储存进行规划、实施与控制的过程。跨境电商物流则是指在跨境电商交易下,利用国际化的物流网络、设施和技术,实现货物在不同关境间的流动、交换及物流信息管理的过程。

跨境电商物流是跨境电商行业中与所有利益主体息息相关的一环。在跨境电商中,交易磋商、合同签订、国际支付和结算均可通过电商平台在线完成,而唯有商品从卖方到买方的送达,必须通过实体国际物流来完成。

跨境电商中的基本物流功能可以划分为国际运输和配送、仓储管理及全球供应链服务三大类。跨境电商下的物流服务水平是跨境电商发展的重要制约因素。跨境电商中的终端客户分布全球,物流周期长、货物交付时间长、运输距离远,同时,跨境物流涉及不同运输工具之间、不同国境之间的货物流转,受到整体物流服务链条中参与节点企业的技术支撑条件,及各个国家的海关监管系统等因素的制约,这使得跨境电商中订单执行过程中物流与商流、信息流、资金流的有效集成成为难题之一,也使跨境电商物流在服务成本、服务效率、物流的可达性、运输过程的可跟踪性、货物安全性、资金结算过程的汇率变化风险控制等方面的管理难度的更大。

10.2 国际物流运输方式

对于跨境电商企业，无论一笔跨境的交易订单及其支付是否在线完成，其跨境物流的运作总归要涉及不同关境之间实体货物的流转，一些基本的运输和仓储职能也必须通过线下的国际物流运输方式来完成。依据物资输送载体的不同，国际物流运输方式主要包括国际海洋运输、国际航空运输、国际铁路运输、国际多式联运等。

目前，国际物流运输方式主要以海运、空运为主，这也解释了为什么沿海地区的外贸出口数据远比内陆地区大。随着我国"一带一路"倡议的落地执行，一些内陆城市和地区开始牵头开通通往特定国家或地区的铁路运输专列，如中欧班列等，希望以陆运的方式打通来往于中国与欧洲及沿线各国的运输通道，从而带动自身优质产业的国际化发展。

10.2.1 国际海洋运输

国际海洋运输（简称国际海运）服务是指承运人按照海上运输合同的约定，以海运船舶作为运载工具，以收取运费作为报酬，将托运人托运的货物经海路由一国港口送至另一国港口的行为。在跨境物流中，国际海洋运输是最重要的方式之一，目前占我国国际货物运输量的三分之二以上。

1. 国际海运的特点

① 运力强。一般来说，火车、汽车等运输方式受到轨道以及道路的限制，而海运却可以利用天然的、四通八达的航道开展运输，如遇特殊情况还可以改道航行。

② 运量大。海洋运输的运载能力大大强于火车、汽车及航空等运输方式。如海上货轮小的能载货几千吨，大的能载货几万吨、几十万吨，一般载货船的运输能力为1万~2万吨，巨型油轮则在50万吨以上。

③ 运费低。由于海洋运输具有运力强、运量大的特点，所以其单位运输成本相对较低。

2. 国际海运的经营方式

海洋运输是随着海上贸易的发展而产生和发展起来的，所以海洋运输船舶的经营方式必须与贸易对运输的要求相适应。为了适应不同货物和不同贸易合同对运输的不同需要，也为了合理地利用远洋运输船舶的运输能力，并获得最佳的营运经济效益，当前国际上普遍采用的远洋船舶的营运方式可分为两大类,即班轮运输和租船运输。

(1) 班轮运输

班轮运输又称为定期船运输,是指船舶按事先制定的时间表在特定的航线上,依既定的挂靠港口顺序,经常地从事航线上各港间的船舶运输,班轮运输适合批量小,收、发货人多,市场性强,要求能以较高的速度运达的产品,以及各种高价货物。

班轮运输在国际海洋运输中有很大的作用,特别有利于一般杂货和小额贸易货物运输。在国际贸易中,除大宗商品利用租船运输外,零星成交、批次多、到港分散的货物,只要班轮有船期和舱位,不论数量多少,也不论是直达还是转船,班轮公司一般均愿意接受承运,并能提供较好的运输质量。参加班轮运输的船舶公司所追求的目标是保证船期,提高竞争能力,吸引货载。班轮公司派出的船舶一般技术性能好,设备较全,质量较好,船员技术水平也较高。此外,在班轮停靠的港口,一般都有自己专用的码头、仓库和装卸设备,有良好的管理制度,所以货运质量较有保证。

班轮承运人根据运输契约完成货物运输后,从托运人那里取得的报酬,由基本运费和附加费两部分构成。基本运费是班轮公司为一般货物在航线上各基本港口间进行运输所规定的运费。附加费是班轮公司承运一些需要特殊处理的货物,或者由于燃油、货币等原因收取的附加运费,如超重附加费、超长附加费、选卸附加费、直航附加费、转船附加费及燃油附加费等。

(2) 租船运输

租船运输又称为不定期船运输,它和班轮运输不同,没有预先制定的船期表,航线停靠港口也不固定,具有漂泊流浪的特点。船舶的营运是根据船舶所有人或船舶经营人与需要船运输的货主双方事先签订的租船合同来安排的,故称为租船运输。

在国际租船业务中,广泛使用的租船方式主要有定程租船和定期租船两种。

定程租船是以航程为基础的租船方式,又称为程租船或次租船。它是根据船舶完成一定航程(航次)来租赁的,是租船市场上最活跃且对运费水平的波动最为敏感的一种租船方式,其船舶所有人必须按租船合同规定的航程完成货物运输任务,并负责船舶的运营管理及其在航行中的各项费用开支。

定期租船又称为期租船,是指由船舶所有人将特定的船舶,按照租船合同的约定,在约定的期限内租给承租人使用的一种租船方式。这种租船方式以约定的使用期限为船舶租期,而不以完成航次数多少来计算。租赁期限由船舶所有人和承租人根据实际需要约定,短则几个月,长则几年、十几年,甚至到船舶报废为止。在租期内,承租人利用租赁的船舶既可以进行不定期船运输,也可以投入班轮运输,还可以在租期内将船舶转租,以取得运费收入或取得租金。

10.2.2 国际航空运输

航空运输是一种现代化的货物运输方式,与其他货物运输方式相比,航空运输具有很多优点，具体如下：

① 运输速度快。与其他方式相比，航空运输具有较高的运送速度，从而能够提高商品在世界市场上的竞争力。

② 安全、准确。由于航空运输管理制度比较完善，运输时间短而准，货物破损率低，被偷窃机会少，所以是比较安全的运输方式。

③ 可节省包装费、保险费、利息等费用。尽管航空运费要高于其他运输费用，但由于运输速度快，商品在途时间短，库存期可相应缩短，因而可以节省仓储费用，加快资金周转速度，同时由于对包装要求相对较低，可节省包装成本，而且航空运输是风险相对最低的运输方式，风险成本有所降低，这样综合成本相比较而言，有所节省。

航空运输也有一定的局限性，主要表现为运输费用高于其他的运输方式，运载工具的舱容有限，无法适应大件货物或大批量货物运输的需要，飞机的飞行安全容易受到恶劣气候的影响等。

航空运输的货运对象主要是一些小批量、高价值和对运输时间有特殊要求的商品，但随着高新技术的应用与发展，产品更趋向于薄、轻、小、短，价值含量更高。在国际贸易中，交易双方对于运输的及时性、可靠性和运输速度尤为重视，使得航空运输具有更为广阔的发展前景。

10.2.3　国际铁路运输

铁路运输是现代运输业的主要运输方式之一。与其他运输方式相比，铁路运输的优点是运输速度快、载运量大、安全可靠、运输成本低、输送能力和连续性强，运输风险明显小于海洋运输。为了适应中国"一带一路"倡议的推进，以中国"一带一路"重要节点城市为主导的连接中国与欧洲、中亚、西亚等地区的中欧班列开通了，这是铁路运输方式在跨境物流发展中的重要里程碑。

中欧班列是指按照固定车次、线路、班期和全程运行时刻开行，往来于中国与欧洲及共建"一带一路"国家的集装箱国际铁路班列。中欧班列铺划了西、中、东3条通道中欧班列运行线：西部通道由我国中西部经阿拉山口（霍尔果斯）出境，中部通道由我国华北地区经二连浩特出境，东部通道由我国东南部沿海地区经满洲里（绥芬河）出境。截至2021年7月，已铺划中欧班列专用运行线73条，通达23个国家的168个城市，西安、乌鲁木齐、重庆、成都、郑州等5个中欧班列集结中心开行4 581列，占全国开行总量的63%。

中欧班列的正点率接近100%，最快12天左右就能抵达欧洲，全程费用较开行之初已下降30%以上。中欧班列以其运距短、速度快、安全性高的特征，以及安全快捷、绿色环保、受自然环境影响小的优势，已经成为国际物流中陆路运输的骨干方式。

中欧班列物流组织日趋成熟，班列沿途国家经贸交往日趋活跃，国家间铁路、口岸、海关等部门的合作日趋密切，这些有利条件为铁路进一步发挥国际物流骨干作用，在"一带一路"倡议中将丝绸之路从原先的"商贸路"变成产业和人口集聚的"经济带"起到了重要作用。

10.2.4 国际多式联运

国际多式联运简称多式联运，是在集装箱运输的基础上产生和发展起来的，以至少两种不同的运输方式，由多式联运经营人将货物从一国境内的接管地点运至另一国境内指定交付地点的货物运输。由于跨境电商对端到端的服务要求较高，因此国际多式联运多以海陆联运和海空联运两种形式出现。

国际多式联运的产生和发展是国际货物运输组织的革命性变化。随着集装箱运输的发展，以多式联运形式运输的货物越来越多。到目前为止，发达国家大部分国际贸易的货物运输已采用多式联运的形式，各发展中国家采用多式联运的形式运输货物的比例也在以较大的速度提高，可以说集装箱货物多式联运已成为国际货物运输的主要方式。

国际多式联运与传统运输相比，具有以下优点：

① 统一化，简单化。国际多式联运的统一化和简单化主要表现在不论运输全程有多远，有几种方式，也不论全程分为几个运输区段，经过多少次转换，所有运输事项均由多式联运经营人负责办理，货主只需办理一次托运，订立一份运输合同，投保一次保险，一旦在运输过程中发生货物的灭失和损害，由多式联运经营人负责处理。

② 减少中间环节，提高运输质量。多式联运以集装箱为运输单元可以实现"门到门"的运输。尽管运输途中可能有多次换装、过关，但由于不需掏箱、装箱、逐件理货，只要保证集装箱外表状况良好、完整即可免检放行，因而大大减少了中间环节。尽管货物运输全程中要进行多次装卸作业，但由于使用专业机械设备，而且又不直接涉及箱内货物，所以货损、货差事故、货物被盗的可能性大大降低。另外，由于全程运输停留时间短，因而货物的运输速度大大加快，从而有效地提高了运输质量。

10.3 跨境电商物流服务模式

10.3.1 跨境电商物流服务模式与运输方式选择

国际物流企业在为跨境电商平台及其用户提供物流服务的过程中，可以提供多种服务模式，如国际快递、国际小邮包（邮政）及专线物流等。这些服务模式的设计与实施，需要综合运用各种跨境物流的运输方式，如表 10-1 所示。

表 10-1　不同运输方式下的跨境电商物流服务模式

跨境电商物流服务模式	运输方式
国际快递	海运、空运、陆运
国际小邮包（邮政）	空运
专线物流	海运、空运、陆运

我国跨境物流服务经历了三个发展阶段。

1. 跨境物流 1.0

跨境物流 1.0 时代从 2008 年左右开始，那时中国的跨境物流刚刚兴起，相对于境外的物流服务，中国跨境物流依然处于起步阶段。在中国市场上能够提供跨境物流服务的主要以国外物流企业为主，如 DHL（敦豪快递）、TNT（天地物流）、FedEx（联邦快递）、UPS（美国联合包裹运送服务公司）等，这时的物流模式主要以国际快递为主。

2. 跨境物流 2.0

跨境物流 2.0 时代兴起于 2009 年，这时中国开始发展自己的物流服务业，邮政公司开始逐渐进入中国的跨境物流市场，其运输特点也与国际快递不同，具体见后文表 10-3。

3. 跨境物流 3.0

跨境物流 3.0 时代从 2010 年开始，随着中国跨境电商的发展，特别是随着跨境 B2C 模式的快速发展，中国小件包裹的进口和出口业务量逐年攀升。根据 2012 年海关的统计数据，2012 年跨境 B2C 出口的线上交易额约为 1 400 亿元人民币，主要商品是电子类产品、服装服饰、母婴、鞋帽、玩具、日用品等，至少 80% 的货物以包裹形式，通过快件/邮政由中国直接送至消费者，包裹的数量约为 5 亿个。在跨境 B2C 进口方面，2012 年中国消费者境外购买高端消费品金额达到 3 000 亿元人民币，其中中国消费者线上购买境外消费品的交易额约为 600 亿元人民币，2012 年进境包裹数量约为 1 亿个，且每年以 100% 的速度增长。

如此大规模的小件包裹进出口，促进了中国跨境电商物流业的发展。中国的几大知名快递企业，如顺丰、申通、中通、圆通等国内快递，跟随阿里巴巴的国际化布局，开始走出去进行境外仓储、跨境转运、境外自提等业务布局。

此外，由于国际快递成本太高，而邮政系统的服务通常到货周期较长，因此很多跨境电商企业开始寻求有海外仓参与的物流服务模式。海外仓不仅仅是一种仓储方式，它代表着国际物流的突破式提高，有助于解决国际小包裹的运输成本和到货速度之间的矛盾。

10.3.2　国际快递

国际快递主要指 DHL、TNT、FedEx 和 UPS 四大商业快递公司，这些国际快递公司利用自建的全球网络为世界各地的客户提供本地化服务。以 DHL 快递公司为例，其货物运输提供空运、海运、公路及铁路运输以及多式联运四种方案。其中海运又分为整箱装载（FCL）、散货拼箱装载（LCL）、整箱内陆服务、普货装载服务、单国和多国拼箱、货船包舱。公路运输、铁路运输、多式联运服务覆盖全球各地，包括欧洲、北非、中东、亚太地区和美洲。国际快递模式的主要特点是这些国际快递商都有覆盖全世界的自建网络，有着强大的 IT 系统及遍及全球的本土化服务，能够给顾客带来快速的物流体验。例如，用 UPS 寄送包裹到美国，最快可在 48 小时内到达，然而，这样优质的服务往往是建立在昂贵的价格基础上的。一般来说，中国的商户只有在客户提出非常强的时效性要求的情况下，才会选择采用国际商业快递来进行商品的派送。

各快递巨头也拥有其独特的特点，如表 10-2 所示，特别是不同重量的快递发往各大洲的时候有着较为明显的区别，如发往西欧国家时，TNT 的通关速度最快，而 UPS 发往美国的速度极快。

表 10-2　国际快递的比较

国际快递	DHL	TNT	FedEx	UPS
总部	德国	荷兰	美国	美国
特点	5.5 千克以下物品发往美洲、英国价格有优势，21 千克以上物品有单独的大货价格	西欧国家通关速度快，发送欧洲一般 3 个工作日可到	整体而言价格偏贵。21 千克以上物品发送到东南亚国家速度快，价格也有优势	到美国速度极快。6~21 千克物品发往美洲、英国有价格优势

10.3.3　国际小邮包

除国际快递外，国际小邮包也是一种常见的国际物流方式，主要指中国邮政小包、新加坡邮政小包等，适用于轻重量（低于 2 千克）、低价值（无报价）的国际小包裹。以中国邮政为例，中国邮政小包简称中邮小包，可以分为中国邮政平常小包和挂号小包。它们的主要区别在于：前者只能通过面单条码，用电话查询邮包在境内的状态；后者可以利用跟踪条码，实时跟踪邮包在目的地的状态。

除了中邮小包外，其他国家和地区的邮政也都提供小包服务。以全球速卖通为例，其常用的邮政小包如下：

① 新加坡邮政小包。服务质量高，是全球速卖通手机、平板电脑等含锂电池商品的主要物流方式。

② 瑞士邮政小包。价格较高，但在欧洲国家的通关能力强，在欧洲申请国家免报关。

③ 瑞典邮政小包。在俄罗斯通关时投递速度快，是俄罗斯首选的物流方式。

④ 荷兰邮政小包。清关、派送快，可走电池件。

邮政拥有着几乎覆盖全球的网络，可以说其网络覆盖程度比其他任何物流渠道都要广。当然，这得归功于两个组织：一个是万国邮政联盟，另一个是卡哈拉邮政组织（KPG）。万国邮政联盟是商定国际邮政事务的政府间国际组织，其主要通过制定一些公约法来改善国际邮政业务发展状况，同时发展国际合作。而卡哈拉邮政组织则是在万国邮政联盟的基础上发展起来的，由邮政系统相对发达的6个国家和地区（中国、美国、日本、澳大利亚、韩国以及中国香港）成立，后来西班牙和英国也加入了该组织。卡哈拉邮政组织对成员的投递时限提出了严格的要求。假如货物没有在指定的日期投递给收件人，那么负责投递的运营商需要以货物价格对客户进行100%的赔付。这些要求提升了其成员的服务水平，也使得众成员之间的合作更为紧密。

国际小邮包的优势主要是时效快，价格实惠，操作简单，邮寄范围广泛。其缺点是一般以私人包裹方式出境，不便于海关统计，也无法享受正常的出口退税。此外，速度相对较慢，丢包率高也是其缺点。

国际小邮包与国际快递的区别如表10-3所示。

表10-3 国际小邮包与国际快递的比较

类别	国际小邮包	国际快递
时效	5—14个工作日	3—5个工作日
价格	价格低	价格较高
重量	单件2千克以下	单件79千克以下
体积限制	长+宽+高<90厘米	长+宽×2+高×2<330厘米
其他费用	没有偏远附加费等	会产生超长、超重、偏远附加费
通邮范围	全球190多个国家和地区	全球190多个国家和地区
跟踪查询	挂号可跟踪，不提供查询	提供跟踪查询
退件说明	退件速度慢	退件速度快

10.3.4 专线物流

专线物流是现今跨境电商国际物流中较常使用的一种运作模式，是指将货物在国内仓库集货，然后通过包舱的方式直接批量空运或者陆运发往特定国家或地区的专门设计的国际运输线路。专线物流具有时效性强、方便快捷、区域针对性强、集包集货、具有比一般快递更优化的计重方式等特点。

物流公司开辟的专线物流，与前文介绍的利用万国邮政联盟丰富的邮政网络资源相互派送取件的邮政小包服务不同。这种专线物流一般是由多个供应商组合形成的，比如常采用的"空+派"模式，即头程找个货代或航空公司负责国际运输，在目的地再找本地的清关和派送公司，如澳大利亚的Toll（拓领）、中东的Aramex（安迈世）、日本的OCS（欧西爱司）、印度的GATI（迦递货运）、美国的FedEx和UPS等，组合成一个专线产品。选择这种专线物流需要考虑物流到达地是否在物流企业的覆盖地区内。

由于专线物流模式一般来说是针对需求量大、热门的线路，需要一定的货量来分摊成本，因此相对于国际快递在价格方面具有一定优势，但专线物流的送达区域有限制，仅适用于一些特定的物流线路。现在大部分的物流公司都选择开通美国专线、欧洲专线、澳大利亚专线、俄罗斯专线等，也有一些物流公司推出了中东专线、南美专线等。

中欧班列也属于专线物流中的一种。目前，中国到欧洲的集装箱班列已经开通11条线路，以出口产成品为主，从新疆阿拉山口或者内蒙古满洲里出关。中欧班列目前的典型线路如下：

① 中国重庆—德国杜伊斯堡（渝新欧）。

② 中国成都—波兰罗兹（成新欧）。

③ 中国郑州—德国汉堡（郑新欧）。

此外，还有西安、苏州等城市，也开通了直通欧洲的班列。

铁路专线物流相比海运更安全，可大幅度缩短中欧距离和运输时间（比铁海联运节约20天左右）。随着中国与共建"一带一路"国家签署更多的便捷通关协议，铁路运输效率有望进一步提高。例如，中国、俄罗斯、哈萨克斯坦三国联合签署了两项海关便捷通关协议，协议规定，三国海关对从重庆发出，通过新疆阿拉山口，途经哈萨克斯坦、俄罗斯的货物，只进行一次海关检查，不必重复关检就可以运往荷兰和德国等地。与海运相比，目前铁路专线物流还存在通道少、经营垄断性强、市场化程度低、承运和转运手续繁杂、运费高等问题。

10.3.5 跨境电商综合物流服务解决方案

大部分中小型跨境电商企业在完成了境外订单的交易后，会选择依靠它们所在的跨境电商平台来完成后续的物流服务，而电商平台则会集成各种社会化的第三方运输和仓储资源，为有不同服务需求的买家和卖家用户提供个性化的物流解决方案。

1. 亚马逊的物流执行系统

亚马逊的物流执行系统FBA是由亚马逊提供的包括仓储、拣货打包、派送、收款、客服与退货处理在内的"一条龙"式物流服务。然而，亚马逊并不负责清关和卖家货物运送至亚马逊仓库的服务，由此诞生了FBA头程服务，即将货物从卖家所在地发货，通过运输配送（海运、空运、国际快递等方式）进入亚马逊FBA仓库。当货物进入亚马逊的海外FBA仓库后，亚马逊依靠先进的信息系统和大数据分析技术，精准计算库存量，完成仓库管理、包装、配送等任务，实现物流成本优化与控制。

由于不同的FBA头程服务方式会有不同的服务水平及运作成本，电商企业可以根据自己的要求，选择适合自己的运输方式，如表10-4所示。

表 10-4　FBA 头程服务方式

类别	国际快递	空运+当地派送	海运+当地派送
具体方式	DHL、UPS、FedEx 等商业快递多提供直发快递业务	国内提货—国内机场出发—空运到目的港—分区派送至 FBA 仓	一般以公司名义通过整柜出口、散货出口、散杂船出口、滚装船出口等方式
优点	适合紧急补货，时效快且灵活	时间短	性价比高，便宜
缺点	面临退货风险	费用高	时效慢

2．跨境电商中的第四方物流

在跨境电商物流领域，存在一批专业整合社会化跨境物流资源的第四方物流企业，如俄速通、递四方等。这些跨境物流企业不再仅仅聚焦于库存、运输路线、终端配送等单一服务项目，而是有效地整合供应链资源，将输出国与输入国的相关基础设施、技术信息与数据资源实现对接，提供集约化、差异化、个性化的跨境物流整体解决方案，实现商品流、资金流、信息流的整合。

阿里巴巴旗下的全球速卖通及菜鸟网络联合推出的无忧物流也属于第四方物流。它们为卖家提供包括稳定的境内揽收、境外配送、物流详情追踪、物流纠纷处理、售后赔付在内的一站式物流解决方案。全球速卖通集成了 UPS、EMS、DHL、FedEx、TNT、顺丰、中国邮政等多家物流服务企业，同时借力海外仓，开启了面向海外用户的本地化服务。

10.4　跨境电商物流服务模式创新

自 2012 年中国政府大力推广跨境电商以来，中国跨境电商交易额每年以不低于 30% 的增速增长，由此也促进了跨境电商物流产业的创新发展。其中最重要的特点体现在，很多跨境电商物流企业从提供单一的国际运输或仓储服务，开始向整合全球的社会化资源，为境内外客户提供全球化的供应链增值服务转变。

在运作层面，中国跨境电商物流体现出很多创新特点。

10.4.1　跨境电商物流平台化：一站式物流解决方案

前文提到的以无忧物流、递四方等为代表的物流企业，正在将跨境电商物流服务逐步推向平台化运作。它们整合了国内外大量的仓储、运输、配送及信息服务的社会化资源，通过它们的跨境电商物流平台，为不同卖家提供个性化的包括境内揽收、国际物流运输、境外仓储、包装、订单配送、物流详情追踪、退换货、售后赔付在内的一站式物流解决方案。这种综合式电商物流平台也是未来物流平台的发展趋势。

10.4.2 跨境物流体系建设与管理智能化：基于数据的精准个性化服务

物流智能化是物流自动化、信息化的一种高层次应用。阿里巴巴的菜鸟网络、京东物流等电商产业巨头也已将目光锁定在物流智能化及服务体系建设上，充分利用大数据技术，精准预测客户需求，降低短期物流成本，控制长期运营成本，利用射频识别、电子数据交换等技术实现物流管理的智能化。跨境电商平台考拉海购则大规模部署智能化管理系统"祥龙"和云 TMS（运输管理系统）"瑞麟"，利用互联网和云计算，将物流企业、消费者、品牌商之间的链路直接打通，在"瑞麟"系统中，可以查看到包裹的实时动态并对运力进行智能配置。除此之外，"祥龙"通过三维测量仪、智能机器人 AGV、红外线称重仪、仓储管理手持终端的使用，将整个仓库作业系统进行了物联网化改造，对仓库与商品信息进行了数字化转换。上述这些例子都是物流服务体系智能化的具体体现。

10.4.3 跨境电商物流与供应链服务本土化：直通海外的供应链全生态服务

由于各国的法律、政策、习惯和经济发展状况不同，跨境电商企业可以选择建立海外仓或边境仓来实现目的国的本土化运作，打破跨境物流与商业环境间的壁垒。为突破中国中小企业开拓美国市场时面临的瓶颈，早在 2013 年，焦点科技就已在美国洛杉矶设立子公司并建设海外仓，组建真正的美国本土化运营团队，采用美国本土化的策略，帮助企业克服语言、文化、法律、政策等方面的困难，为中国企业提供完整的包括境外品牌管理、市场营销、渠道管理、仓储物流等供应链服务，帮助出口企业以最低成本和最大资源直通境外终端市场。

10.4.4 跨境电商供应链的协同化：与关、税汇集成的外贸综合服务

跨境电商供应链体系中通常包括众多的参与主体，需要协同运作，才能保证跨境电商的整体运作效率。跨境电商供应链的协同化可以体现在以下几个层面：

① 跨境电商平台与买家或卖家企业之间的协同。

② 跨境电商平台与海关、税务等国家监管部门之间的协同与信息共享。

③ 跨境电商平台与平台上的卖家、买家、物流企业、金融企业、保险企业及其他信息服务企业之间的资源整合与协同。

④ 各国海关、港口之间以提高通关效率、减少通关成本为目的的政策及流程协同。

跨境电商

【相关链接】

深圳前海湾保税港区跨境电商 B2B 一站式解决方案

深圳前海湾保税港区位于深圳港西部港区，开展国际中转、配送、采购、转口贸易和出口加工等业务，同时享受保税区、出口加工区有关"国外货物入港区保税"等税收和外汇管理政策。2013 年 11 月，海关总署批准深圳开展跨境电商出口试点业务，经深圳市政府与深圳海关研究决定，以前海湾保税港区为依托，试行跨境电商特殊区域业务（出口海关监管代码"1210"），在取得经验后，再向深圳关区内其他口岸和海关特殊监管区域进行推广。

自 2014 年以来，前海湾保税港区内的企业与监管部门密切合作，在如何将海关特殊监管区域的监管政策与跨境电商出口市场需求进行有效匹配方面做出了大量的探索和尝试。通过设计开发一系列跨境电商出口供应链服务，采用全新的多方协作式的业务流程管理模式，与金融机构合作推出跨境支付、结算、融资等供应链金融服务产品，与物流企业合作开展货物运输的全程监控与信息共享等业务合作，成功解决了深圳地区跨境电商出口中的诸多痛点问题，并成功实现海关特殊监管区域跨境电商出口从 B2C 向 B2B 的升级。

从 2016 年开始，前海湾保税港区按照"供应链协同"的理念，实现了"以海关放行电子数据为交付依据，以银行货款到账为货权交割依据，实结集报"的外贸一体化综合服务模式创新。通过发货企业、电商（卖家）企业、物流企业、金融机构和监管部门的多方协作，打通前海湾保税港区仓库管理系统、电商交易平台、银行信息系统和通关数据的互联互通，将跨境电商出口交易所涉及的资金信息、报关信息、物流信息以及订单信息进行重新整合，从而形成全新的、符合跨境电商新贸易业态商业模式的交易、结算、物流、通关与融资等综合服务体系与规则。前海湾保税港区探索并成功开展的多方协同式的跨境电商出口服务模式，可称为跨境电商出口供应链协同，这一全新的服务保障模式对全国跨境电商出口行业和全国海关特殊监管区域转型升级，具有极为重要的示范意义。

（资料来源：http://www.360doc.com/content/17/0923/16/32554569_689465370.shtml. 有改动）

第 10 章 跨境电商物流

本章小结

在跨境电商中，交易磋商、合同签订、国际支付和结算均可通过电商平台在线完成，而唯有商品从卖方到买方的送达，必须通过实体国际物流来完成。跨境电商物流是跨境电商行业中与所有利益主体息息相关的一环。本章深入探讨了跨境电商物流的特点、运输方式、服务模式和服务模式创新等内容。国际物流运输方式主要以海运、空运为主，这也解释了为什么沿海地区的外贸出口数据远比内陆地区大。随着我国"一带一路"倡议的落地执行，一些内陆城市和地区开始牵头开通通往特定国家或地区的铁路运输专列，如中欧班列等，希望以陆运的方式打通来往于中国与欧洲及沿线各国的运输通道，从而带动自身优质产业的国际化发展。国际物流企业在为跨境电商平台及其用户提供物流服务的过程中，可以提供多种服务模式，如国际快递、国际小邮包及专线物流等。在运作层面，中国跨境电商物流体现出以下创新特点，如"跨境电商物流平台化：一站式物流解决方案""跨境物流体系建设与管理智能化：基于数据的精准个性化服务""跨境电商物流与供应链服务本土化：直通海外的供应链全生态服务""跨境电商供应链的协同化：与关、税汇集成的外贸综合服务"等等。

跨境电商物流是卖家拓展全球市场，实现长期业务发展的关键能力之一。通过本章的学习，读者将更好地理解跨境电商物流的特点，掌握跨境电商物流的运输方式和服务模式，理解跨境电商物流的服务模式创新。

跨境电商训练营

一、核心概念

国际运输和配送　国际海洋运输　国际铁路运输　国际航空运输　国际多式联运　国际快递　国际小邮包　专线物流　第四方物流　一站式物流

二、同步练习

1. 简述跨境电商物流的特点。
2. 国际物流运输方式主要有哪些？各具有什么特点？
3. 跨境电商物流服务模式有哪些常见的类型？它们具有什么特点？

三、课外拓展

万邑通：帮助更多跨境电商卖家走向世界

2020年12月29日，《商务部办公厅关于印发首批优秀海外仓实践案例好经验好做法的函》（商办贸函〔2020〕433号）印发，总结了7家优秀的海外仓企业在实践中的好经验好做法。万邑通（上海）信息科技有限公司（以下简称"万邑通"）就是其中的企业之一。

万邑通取意"万邑通商"（邑为城市之意），定位为中立开放的跨境电商产业支持平台，为全球客户提供跨境售后物流服务体系，基于供应链管理，通过互联网实现有效降低库存、提高库存周转率和资金回报率，为跨境电商提供端到端的透明稳定、合法合规、成本优化、基于客户体验的整体供应链解决方案。

目前，万邑通已在美国、英国、欧盟、澳大利亚等主流市场布局13个海外仓，其中有7个直营仓库，服务网络遍布中国、澳大利亚、美国、欧洲等主要跨境贸易市场。万邑通海外仓总面积超过22万平方米，SKU逾50万种，日均订单处理货物近20万件。万邑通已帮助200多家中国品牌企业拓展国际业务版图。其中，在美国设立的5个海外仓日均货量达8万件，本土85%以上的地址可实现3天的妥投。澳大利亚的3个海外仓日均货量超3万件，2日达能覆盖90%以上的澳大利亚人口居住地。

上海隽繁机械设备有限公司（以下简称"隽繁"）就是万邑通的众多客户之一，公司于2019年注册了电动工具品牌，开启了"触电"之旅。基于自身的资源沉淀和市场分析，隽繁决定试水英国市场。鉴于偏大、偏重的产品特性，隽繁选择与万邑通合作，借助其在英国的多个海外仓批量备货降低物流成本，通过本地发货和退换货等服务提升买家体验。在合作过程中，隽繁的ERP（企业资源计划）补货算法结合万邑通海外仓库存动销数据实现了更高效的协调补货，而产品周转率和转化率等可反映产品优势和问题的数据也在第一时间被反馈到工厂，以进行更快的产品迭代。有赖于供应链条的良性循环，2019年隽繁的跨境电商交易额即突破1 200万美元。

海外仓的本地仓储、拣选、包装、出库、派送等可以大幅提升尾程递送时效，由此带来的消费体验提升会拉高消费意愿和复购率。同样品质的商品搭载更高效、优质、个性化的递送服务也更容易实现溢价。全链路仓储物流配退成本的降低，加之售价和销量的提升，正是海外仓之于跨境电商卖家的价值体现。万邑通升级的"海外仓3.0"服务可满足卖家B2B与B2C相结合的多场景订单履约、品牌个性化包装、高货值独立存储区、库存绩效智能管理等多元化需求。万邑通智能分仓系统以动态数据把控物流渠道综合优化效应，最多可降低14%的全程物流成本及30%的尾程派送费用；自动化流水线、立体仓库、智能移动机器人等硬件投入可在大幅提升操作准确性和履约时效的基础上，实现存储坪效提升30%、上架和拣选速度提升70%的效果，并为卖家在销售旺季提供更多支持和保障。

万邑通自主研发的"万邑云链"系统支持从国内揽收至境外上架全程可视化"门到仓"一站式跨境服务,可依据商品特性和客户需求提供海运散货、海运整柜、空运等多种头程渠道,以及超70种全球主力尾程派送服务。

(资料来源:https://baijiahao.baidu.com/s?id=16920913063335007709& wir = spider & for = pci. 有改动)

问题:

万邑通是如何完善跨境物流服务以帮助跨境电商卖家走向世界的?

跨境电商

第11章 跨境电商进口

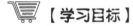【学习目标】

知识目标
- 理解跨境电商进口的驱动力。
- 能够描述跨境电商进口的交付模式和创新模式。
- 理解实现跨境电商进口通关便利性的过程。

能力目标
- 掌握跨境电商进口的驱动力。
- 掌握跨境电商进口的交付模式和创新模式。
- 理解实现跨境电商进口通关便利性的过程。

素质目标
- 增强学生爱国情怀和全球视野。
- 培养学生团结协作的意识。
- 培养学生遵纪守法的良好品行。

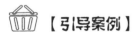【引导案例】

可靠、实惠又便捷：解码跨境电商进口的中国十年

2023年，你还在找海外代购吗？

看看新闻记者在街头随机采访了几位消费者，大家纷纷表示，"找代购"不知从何时开始，已经成为了"过去式"，"基本上（跨境电商）平台上都能买到，价格也差不多""免税店的价格和国内电商平台上买到的（价格）差不多"。

这背后的原因到底是什么呢？

1. 跨境电商平台"登场"，个人代购逐渐退出舞台

胡兵是很多人熟知的模特、演员和歌手。如今，他还有另外一重身份———一名跨境电商领域的"买手"。作为国内第一代国际名模，胡兵立足时尚界三十多年，见证了国外品牌与国内市场的关系逐渐建立起来的过程。正因如此，他认为自己从事跨境电商的"买手"直播，能够更好地为消费者和品牌双方提供有价值的建议。在他的直播间里，商品包罗万象。除了时尚大牌外，海外小众品牌的食品、美妆、保健品等也在他的带货范围内。

在他看来，跨境电商平台蓬勃发展的原因，在于它为所有海外品牌，特别是小众品牌提供了一个亮相的舞台，同时，也给国内的消费者提供了更多的选择。海外品牌可以先在跨境电商平台进行"试水"，并在较为了解中国市场后，再进入一般国际贸易的渠道。对此，天猫国际负责人表示："海外的商家可以使用它当地的主体、当地的团队来经营这个业务，并且通过跨境支付可以收到当地的货币。这就是跨境电商跟一般贸易进口最大的区别。"

除了为国内消费者挑选商品，胡兵也会为海外品牌进驻中国市场提出建议。"有一些海外品牌会让我推荐他们百年历史的发油。我会建议他们，发油是配合穿西装的时候使用的，中国消费者现在穿西装的人数不多，是不是可以换一个品类推荐？"诸如此类的案例，胡兵经常遇到。他把自己称为海外品牌与国内消费者之间的"翻译"。

"买手"不等于"代购"。从事跨境商品直播带货以来，胡兵越来越感受到"买手"不好做。由于海内外的信息差不断缩小，消费者可以通过互联网从各种渠道了解海外品牌。大家不再满足于"买到"，更要买得满意、买得便宜、买得放心。相较之下，曾经风靡一时的个人"代购"已经无法满足消费者高品质、多样化的需求。"代购"的另一核心矛盾在于"真假难辨"。国家对跨境电商零售进口实施正面清单管理，也就是说，非清单内的商品不得以跨境电商零售进口方式入境销售。这也就意味着电商平台必须通过正规的采购渠道向国内引进跨境商品，再加上平台自身的监管，以及提供相应的售后服务，这些举措都大大降低了消费者买到假货的风险。

2. 跨境供应链体系日趋完善，"全球购"体验"本地购"的速度

和胡兵一样，许多全球买手直播间的货品供应链体系都源自与其合作的跨境电商平台。他们选择这种合作方式，也是基于跨境电商平台日益凸显的优势。以天猫国际为例，目前该平台70％的跨境商品可以备货到保税仓，超过50％的订单可以实现"次日达"。速度背后，是近年来保税仓模式的不断普及。

保税仓库是指由海关批准设立的供进口货物储存而不受关税法和进口管制条例管理的仓库。储存于保税仓库内的进口货物经批准可在仓库内进行改装、分级、抽样、混合和再加工等，这些货物如果再出口则免缴关税，如果进入国内市场则须缴关税。保税仓实行"境内关外"的概念，也就是说，货品不到卖出的时候不用交税。同时，大量的

备货也减轻了商家的压力。对消费者而言,"全球购"也有了"本地购"的速度体验。

天猫国际海外直购欧洲采购负责人清楚地剖析了跨境商品的成本构成:商品价格、物流、税、运营成本。"可以压缩的就是物流费,比如说增加单量或者说把(运输)干线的价格降下来;第二个就是和供应商谈成本,比如我们可以谈到这个商品的店铺零售价的七折。经过这些流程,最终消费者的体验就是,在国内电商平台购买的价格和在境外购的价格基本持平。"

3. 政策红利持续释放,多维度"降本增效"

有段时间,跨境货物运输成本增加了三倍以上,"保税进口+零售加工"的模式应运而生。此前,海外商家需要先向国内进口包材辅料,在国外完成成品包装后,再整体出口,相当于让外包装"留了一次洋"再回国。现如今,海外商家将包装工厂前置到国内的保税仓,既节省了运费,又降低了人力成本。位于杭州综合保税区内的"新世界工厂"试点,就是其中的代表。该试点负责人表示,这种方法既减少了一次运输过程,同时,商品的内容物直接进口和成品进口相比,体积也缩小了很多,又进一步降低了运输成本。仅包装环节,这一新模式就可以节省35%~50%的成本,商品综合的供应链成本可以节省15%~20%。

在上海虹桥保税物流中心,京东国际也通过与上海海关的合作降低了保税商品在退货阶段的损耗。根据以前的政策,货品被消费者退货后,只能做销毁处理,且必须送回原产国销毁,无法进行二次销售。除了销毁的成本之外,税金也无法退回。但经过政策优化,经海关审核能够二次销售的商品,可以回到保税仓再次等待销售。这一环节即可每年节省成本大约200万元人民币。对于那些确实无法二次销售的退货商品,也可以在本地销毁,不需要再运回原产国,一年也可以节省运费约100万元人民币。

自2014年《政府工作报告》首次提出"跨境电商"一词以来,跨境电商已经走过了近十年的历程。2022年,中国跨境电商进出口规模首次突破2万亿元,同比增长7.1%。2023年上半年,这一数字为1.1万亿元,同比增长16%。国内跨境电商的政策不断变化,都是为了适应市场的需要,同时鼓励跨境电商行业的发展。跨境电商的试点城市从10个到80多个,单次的消费限额从2 000元提高到了5 000元,每年总限额从20 000元提高到26 000元,正面清单扩大到1 300多种类。2018年又出台了《中华人民共和国电子商务法》。这些因素叠加在一起,共同促进了跨境电商平台的稳健发展。

随着中国进一步对外开放,国内消费者的跨境消费需求将更加多样化。站在新的起点,下一个十年,跨境电商需要继续求新求变,才能在这片"红海"之中找到新的增长点。

(资料来源:https://baijiahao.baidu.com/s?id=1784967254056649163&wfr=spider&for=pc。有改动)

【案例思考】
1. 近年来，个人代购逐渐退出舞台的原因是什么？
2. 跨境供应链是如何让消费者把"全球购"体验为"本地购"的？
3. 天猫国际和京东国际是怎样降低跨境进口成本的？

11.1 跨境进口的两大驱动力

跨境进口拥有两个重要的驱动力，即越来越强烈的市场需求、逐渐释放的政策红利。随着市场经济的不断发展，国内市场消费升级，市场越发趋于稳定、成熟。与不断增长的市场相伴的是不断增长的消费需求，人们的消费开始追求个性化，所需商品种类也在不断丰富，为满足国内巨大的市场需求，跨境进口商品悄然上架，成为满足国内市场需求的渠道之一。

11.1.1 越来越强烈的需求

随着市场经济的不断发展，我国消费升级势在必行。像近两年的电商促销，除展现国内消费者的购物热情以外，也展现了近年来我国的消费升级趋势，人们对进口商品的需求与日俱增。

更优质的商品受到了消费者青睐，价格不再占据消费者购物活动的主宰地位，人们更倾向于品质、工艺、美观、优质等高附加值的商品。在进口方面，近两年来网易考拉海购的全球工厂店，最受消费者欢迎的商品是无线吸尘器、电动牙刷、家用射频美容仪等。而在天猫，牛排、大闸蟹等高档食材也开始热销。

同时，进口的个性化商品的消费开始成为消费主流，一大批有特色、个性化的商品迎来了销售的暴发。淘宝网的全网大促活动吸引了几十万商家参与，个性化成为销售主打，像大码连衣裙销量大涨了30倍、设计师定制手表增长超15倍、宠物等周边消费增长近300%、乐高模型玩具增长超130%，即使是像表情包定制、周边这样的小众特色商品，也同比增长420%。

消费升级下，消费者除会选择高性价比商品外，更愿意为自然、优质、健康的商品去支付溢价。伴随近两年的经济发展，各国商品不断涌入，国内商品不断丰富。国民更看重生活品质，这样的转变使得国内市场拥有了更为广阔的市场。

11.1.2 逐渐释放的政策红利

全球范围内，在各国贸易保护主义抬头、逆全球化浪潮不断掀起的情况下，近年我国却走向了与之相反的道路,持续降低消费品的进口关税,在跨境进口方面不断释放政策红利。这不仅表明我国想要扩大进口贸易、促进境外消费回流、重视消费升级需求,以及让进口促进供给侧改革的决心,也展现了我国坚持全球化、坚持改革开放的态度。

降低税率,一方面有助于扩大中国从其他国家的进口,特别是能更好地帮助其他发展中国家,共同分享国内巨大的消费市场和不断快速发展的市场红利;另一方面也为中国消费者提供更多的消费选择。

国内很多城市都开始以跨境电商为切入口,对仓储、物流等方面的流程进行简化、精简,并开始设立通关一体化、共享基础信息等配套政策,以此推动国际贸易自由化、便捷化,鼓励电商企业快速设立海外仓和布局营销的全球网络,以创造出跨境电商知名品牌,不断多元化地开拓市场。

我国跨境电商迅猛发展,尤其是跨境电商综合试验区不断扩张建设,在对跨境电商零售进口监管和服务创新方面积累的经验越来越多,这为我国调整消费品进口税率提供了向更远处探索的信心和坚实的经验基础。

这样的举措推动了供给侧改革,并给了相关产业升级改变的机会,为其提供了更加优良的政策条件和市场基础。从这一方面来说,我国在进口方面不断释放政策红利,对跨境进口领域发展提供了新的刺激。

11.2 跨境电商进口的主流模式

我国跨境电商进口起源于早期的海外个人代购和海淘。自 2014 年以来,伴随着利好政策的出台、资本的介入,以及我国居民日益增长的消费需求,跨境电商进口进入发展的快车道,各类主体涌现。

《中国电子商务报告(2019)》显示,我国 2019 年通过海关跨境电商管理平台零售进出口商品总额达 1 862.1 亿元,同比增长 38.3%,其中进口总额 918.1 亿元,年均增速 27.4%。从跨境电商进口的交付模式上看,主要分为保税备货模式、海外直邮模式和集货直邮模式。

各跨境电商企业根据消费者的需求及自身优势的不同进行了差异化的创新,具有代表性的创新模式主要有以下四类。

11.2.1 海外直供模式

海外直供模式是典型的平台型 B2C 模式,即通过跨境电商平台将海外经销商与国内消费者直接联系起来,减少了中间的代理和转销环节,如图 11-1 所示。

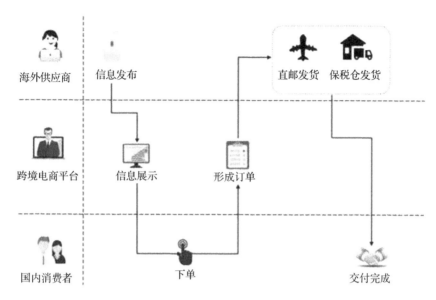

图 11-1 海外直供模式流程

跨境电商平台制定适合跨境电商进口交易的规则和消费流程，打造良好的用户体验。跨境电商平台盈利来源于商家的入驻费用和交易佣金。

海外直供模式建立在买卖双方的聚集程度上，平台的流量和服务要求较高。因此，海外直供模式一般要求供应商具有海外零售资质并能授权，并且需要提供相应的本地售后服务。该模式为消费者提供了丰富的商品选择及便捷高效的购物体验，用户的信任度较高，商品一般采用海外直邮的方式送达国内消费者手中。对于品牌端的管控及供应链的缩短是海外直供模式发展的主要趋势。目前比较典型的海外直供模式平台有天猫国际、苏宁海外购等。

11.2.2 海外优选模式

海外优选模式以自营型 B2C 为主，平台直接参与到货源的组织、物流仓储及销售过程。由于优选模式对产品端及供应链的控制较好，商品规模化采购，一般采取保税备货的模式，物流时效性较高，用户体验相对更好。该模式的主要盈利点为销售产品所产生的利润，以及相关的营销等增值服务，随着用户体验的不断提高，会员服务费成为优选模式的又一盈利点，如图 11-2 所示。

海外优选模式要求电商企业对于市场消费需求的把控比较突出，在选品方面对企业提出了较高的要求，也限制了产品的丰富程度。同时，采购需占用企业大量的资金，有效提高动销率是优选模式企业优化的方向。因此，该模式的企业通常会采用限时特卖或直邮闪购等运营方式，以丰富品类及缓解供应链压力。

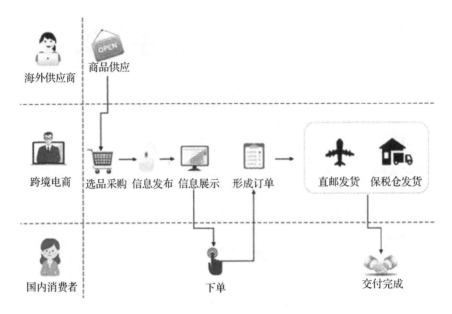

图 11-2　海外优选模式流程

小红书是海外优选模式的电商平台,是带有社群属性的知名平台。小红书的创建起源于论坛社区,主要以社交型 C2C 及 B2C 为主。社群模式即 UGC(用户生成内容)模式,通过用户间原创的海外购物经验分享,汇聚具有共同兴趣爱好的人群。

这类平台的特点:一方面可以帮助用户解决该买什么的问题,并帮助用户在海量商品中精确选品;另一方面其基于社群功能,产生的用户行为数据和丰富产品信息资源,能为用户推送更适合自己的产品信息,提供快捷高效的购物体验,顺便帮用户解决产品的货源问题。

与其他进口跨境电商模式相比,社群模式具有用户黏性强的特点。随着带有社交属性的电商的兴起,这种红人经济、消费意见领袖模式越来越受到消费者的追捧。海外优选模式的代表平台有网易考拉、小红书等。

11.2.3　全球买手模式

全球买手模式是通过住在海外的买手入驻电商平台开店卖货,平台直接促成居住在海外的买手和国内的买家之间的交易行为,较少传统的中间零售商环节,是典型的平台 C2C 模式。平台盈利模式普遍为提供中途运输的物流服务,以及平台自身所带的一系列增值服务。在此类平台入驻,一般不会收取入驻、交易费用。如图 11-3 所示。

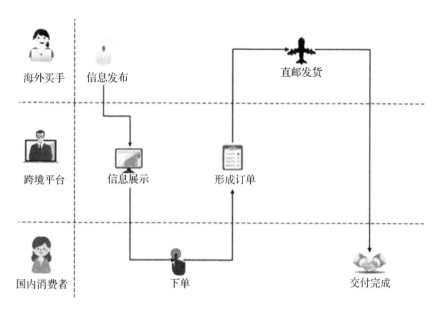

图 11-3 全球买手模式流程

买手模式在品类上主要以长尾非标品为主，兼有个性化的商品。买手对海外市场的敏感度较高，产品迭代速度较快，消费者黏性较高，存在一定的价格优势，满足了在进口消费中个性化、细致化、多样化的需求。商品交付一般以个人行邮为主，整个模式比较依赖买手，服务体验参差不齐，信任度及品牌授权等法律风险问题或将限制其规模和发展。目前比较典型的全球买手模式电商平台有淘宝全球购、洋码头等。

11.2.4 返利导购模式

返利导购模式是最早的跨境电商模式，是一种强烈依靠技术的模式，目前典型的电商平台有海猫季和么么噢。

这些属于技术导向型的电商平台，通过电商平台自行开发的系统自动抓取海外主流电商网站的 SKU，并进行全自动语言翻译，将产品信息转换成本国语言，为用户提供海量中文产品信息，以此促成用户购买行为的发生。还有一种方式是中文官网的代理运营直接与海外电商平台签约合作，代为运营其中文官网。

这种方式在早期跨境电商中有优势，其低成本解决了信息流问题，方便用户搜索，缺点是缺乏核心竞争力。由于库存价格不能够实时更新等问题，这一模式的平台现今落后于其他模式的平台。

11.3 跨境电商进口清关的三种模式

跨境电商进口清关有三种模式，分别是快件清关、集货清关和备货清关。下面从模式的优缺点入手进行分析，并提炼出每种模式适合的卖家情况，以便卖家能做出更好的选择。

11.3.1 快件清关：无须提前备货

在收到电商平台订单后，跨境电商卖家通过国际物流方式，将产品直接从境外邮寄到买家手里。其中无海关单据。

① 优点：对于跨境卖家来说更加自主灵活，收到订单时才需要发货，跨境电商卖家不需要提前备货，没有库存积压烦恼，没有仓储费用压力。

② 缺点：由于在长途跨境物流运输过程中，产品会与大量其他邮件混在一起运输，快递公司不给运输货品进行分类，所以物流的通关效率很低，并且在货物量大的时候，物流成本会迅速上升。另外，由于快递的运送时间长，所以买家对物流的服务满意度低。

快件清关这种进口清关模式适合平时订单量较少，没有大数额订单的电商卖家。

11.3.2 集货清关：先有订单再发货

跨境电商卖家将多个已售出商品聚在一起，统一打包，通过国际快递公司配送至国内保税仓库，电商卖家需要为每件产品办理好海关的通关手续，然后经过海关查验放行后，由电商卖家委托国内物流公司将产品派送到买家手中。每个订单都要附有海关单据。

① 优点：集货清关相对其他清关模式来说比较灵活，卖家不需要提前备货，只需要积累到一定量的订单，然后将货物批量捆绑打包，相对于快件清关模式而言，物流通关效率较高，整体物流成本有所降低。

② 缺点：由于是在海外发货，需要在海外打包，人工成本高，并且从海外发货，所以中途的物流时间较长。

集货清关这种进口清关模式适合处于订单量迅速增长阶段的卖家，需要卖家每周都能收到多笔订单。

11.3.3 备货清关：先备货再有订单

跨境电商卖家将境外产品批量备好货，然后送至海关监管下的保税仓库，在买家下单后，卖家根据订单要求为每件产品办理好海关的通关手续，然后在保税仓库完成产品打包、贴面单等工作，再经海关查验放行后，由卖家委托国内物流公司将产品派送至买家手中。每个订单都会附有海关单据。

① 优点：由于卖家提前批量备好了货，再送至保税仓库，所以产品运输中途产生的国际快递费用最低，等收到买家订单后，再立刻从保税仓库安排人手发货，通关效率最高，中途运输花费时间最少，可及时响应买家的换货、退货等服务要求，物流时间短，买家的购物体验满意度高。

② 缺点：由于需要提前备货，所以要占用保税仓库，支付仓储费用，并且备货模式要占用卖家的流动资金，在产品销售量不稳定的情况下，储货风险大。

备货清关的进口清关模式适用于处在订单量大且稳定阶段的跨境电商卖家。卖家可通过大批量订货或提前订货来降低采购成本，可逐步从空运过渡到海运以降低国际快递成本，或者采用质押融资的方式，解决由于备货需要而占用资金的问题。

11.4 跨境电商实现进口通关的便利化

为帮助跨境电商卖家在进口通关过程中少走弯路，下面将从海关及进口查验、检验检疫及正面清单、如何计算行邮税、跨境进口税解析入手，帮助跨境电商卖家了解通关过程。

11.4.1 海关及进口查验

海关查验项目是通过检查实际货物与报关单证来核对申报环节所申报信息与查证的单子和货物信息是否匹配，在实际查验过程中可以发现申报审单环节没有发现的问题，如伪报、瞒报、申报不实等。在查验过程中，可以验证申报审单环节中可能存在的问题。

1. 海关查验流程

① 在满足查验条件后，海关部门发出查验通知单，通知跨境卖家或代理人到场。

② 海关部门会事先安排好查验计划，由现场相关海关查验人员安排好具体查验时间，一般当天安排第二天的查验计划。

③ 海关在查验货物时，跨境卖家或代理人员或其授权报关员应当到场并协助搬移货品，开拆并且重封货物包装。如海关人员认为有细检必要，可以自行对货品开验、复验甚至提取货样进行检查。

④ 查验结束后，由随行陪同人员在查验记录单上签字、确认。

2. 海关查验方式

① 机检查验。这是最常见的查验办法，利用机器扫描技术检查货物，能够查出大部分违规品、违禁品，海关人员能够通过机器了解箱内实际状况，将箱内情况自动与进口报关核对，如果核对结果无差异，则进入货品征税环节。

② 人工查验。为了出入海关的货品的合规性，海关会对一定比例的货物进行随机的人工查验。海关人员会对货品进行外形查验，对货品外部特征或易于判断属性的货品进行包装、唛头的检验核对。

在人工检验环节，海关人员会随机开箱抽查货品，拆开货品包装，对箱内实际情况按单检验核对。有时海关人员也会逐件拆开包装，进行彻底的检验核对。

在海关查验完货品后，海关人员会填写一份验货记录。除需跨境卖家或代理人缴税外，货品自查验完毕4小时内要办理好通关手续。对需要征税费的货品，自接受跨境卖家或代理人申报1日内，开出税单，如果对税价有疑问，会进入审价环节。

11.4.2 检验检疫及正面清单

对进口商品进行检验检疫，是跨境电商生态链中的重要一环，检验检疫部门针对跨境进口商品的监管政策对跨境电商卖家影响非常大。

对于入境产品来说，在电商平台上销售的产品，不仅要申报品名清单、产品相对应的编码和产品规格型号，还要出具第三方检测机构给出的质量安全评估报告与符合性声明报告，以及给消费者的产品告知书。

跨境电商卖家需要在电商平台上用中文告知买家相关产品的详细信息，至少包括产品名称、品牌、净含量和规格、配方或配料表、原产国（地区）、是否为转基因产品、生产日期、贮存条件、使用方法、投诉电话等，对于产品有适用人群的要求，要在产品上醒目地标出。

财政部公告曾指出，为避免工业、化工等原材料产品通过跨境电商进口零售渠道进入我国，扰乱国内正常的交易秩序，对跨境电商零售进口税收政策实施清单管理。

清单是对跨境电商的进口试点情况，根据相关管理部门意见给予统一规范。清单里包括1 142个8位税号商品，主要是满足国内对部分商品的消费需求，也满足相关部门监管要求，且在物流上能够以邮件等方式运送进境的生活消费品，如家用电器、食品饮料、儿童玩具、服装鞋帽、部分化妆品等。

清单中有的产品可以不向海关部门提交许可证等文件，检验检疫监督管理部门会按照国家相关法律法规来执行规定。直购进口的产品可以免于验核通关单。

对于已经列在正面清单的产品而言，过去一些在法律上模糊不清的产品可以合规地做跨境电商了，这样的变化可能会带给垂直行业的跨境进口好的方向。

对于未列入清单的产品，像生鲜产品，则需要转变方向，寻找新的跨境通关方式。

11.4.3 如何计算行邮税

行邮税就是对个人通关时携带的行李或邮递物品的进口税,它是关税、进口环节的增值税及消费税三合一的综合税种。

行邮税针对个人携带物品,而非大宗货品,行邮税的税率普遍低于同类型进口货物的税率。根据海关相关条例规定,对超过海关总署规定数额的物品会征加费用。具体是指个人邮递物品、旅客行李物品及其他个人自用物品。买家个人去海外购物和使用跨境电商平台购买的直邮产品均适用于行邮税。

目前,海关对进口货物实施普通的贸易监管模式,为鼓励跨境电商发展,海关部门对跨境电商零售的税费放得比较宽松,对进口监管下达了过渡期政策并多次延期。

近些年海关部门降低了对个人携带进境邮递物品征收的行邮税的税率。国务院关税委员会宣布,自 2018 年 4 月 9 日起,调整进境物品行邮税,对进境物品征加的进口税率由 15%、25% 和 60% 调整为 13%、20% 和 50%,其中对食品、药品、电器等商品进行了不同程度的税率调降,普遍降幅为 2%~10%,以此扩大进口和促进消费。

行邮税的税率降低,意味着将海外商品带到海关过境时需要付的税费减少了。以申报 600 元的产品为例,税率从 25% 下调到 20%,则税费从 150 元下调到 120 元,少了 30 元;税率从 15% 下调到 13%,则税费从 90 元下调到 78 元,少了 12 元。

11.4.4 跨境进口税解析

2019 年年初,我国开始实施新的跨境电商进口税收政策,海关总署配合相关政策内容,将税收政策落地实施。其内容主要是提高跨境电商进口购买限额,扩大产品范围,以更好地满足人们的消费需求。下面将从交易限额的提高和产品范围的扩大两方面进行跨境进口税解析。

1. 交易限额提高

① 单次购买的交易限额提升。买家通过跨境电商的进口渠道采购产品时,单次采购限额从原来的 2 000 元提升到 5 000 元。在 5 000 元的采购限额范围内,可以持有税收优惠,即关税税率为零。这样的限额提升降低了买家最终购买产品的价格,促使产品销量的提高。在进口环节方面,征收消费税和增值税,要按照法律规定的应纳税额的 70% 执行。

② 以年为单位购买的限额提升。跨境电商中的进口税收内容,将每年的累计购买额度从 2 万元提高至 2.6 万元。从最终的买家购买价格来看,以年为单位购买限额的提升,促使电商卖家产品的销售量提高。

③ 单次购买的产品价值超 5 000 元,且在年度限额以内。买家在跨境电商平台单次购买产品的完税价格如果超过规定限额 5 000 元,且是以年为单位的累计购买价值在

2.6万元以内的单件产品的情况下，会自动被加收相应税款，按照产品税率，全额征收关税与进口环节的消费税、增值税。

2. 产品范围扩大

我国对跨境电商进口产品清单进行了调整，将近些年来消费需求集中的产品划入清单之中，增加了滑雪靴、剃须刀刀头、果味汽酒、麦芽酿造的啤酒、望远镜、游戏机等62种产品，调整后的清单一共为1 321个8位税目。

本章小结

本章深入探讨了跨境电商进口的驱动力、主流模式、三种进口清关模式、进口通关的便利化等内容。跨境进口拥有两个重要的驱动力，即越来越强烈的市场需求和逐渐释放的政策红利。从跨境电商进口的交付模式上看，主要分为保税备货模式、海外直邮模式和集货直邮模式。各跨境电商企业根据消费者的需求及自身优势的不同进行了差异化的创新，具有代表性的创新模式主要有天猫国际、苏宁海外购等海外直供模式，网易考拉、小红书等海外优选模式、淘宝全球购、洋码头等全球买手模式和海猫季、么么嗖等返利导购模式四类。进口清关有三种模式，分别是快件清关、集货清关和备货清关。最后从海关及进口查验、检验检疫及正面清单、如何计算行邮税、跨境进口税解析入手提出了实现跨境电商进口通关便利化的过程。

跨境电商是培育外贸新动能的重要着力点，也正在成为直接链接全球消费者和生产者的贸易新桥梁。通过本章的学习，读者能更好地理解跨境电商进口的驱动力，能够描述跨境电商进口的交付模式和创新模式，理解实现跨境电商进口通关便利性的过程。

跨境电商训练营

一、核心概念

海外直供模式　海外优选模式　全球买手模式　返利导购模式　进口清关　进口通关

二、同步练习

1. 跨境进口的两大驱动力分别是什么？

2. 你在日常生活中用过哪种跨境电商进口模式？这种模式有什么优缺点？

3. 进口通关中的行邮税是什么？

三、课外拓展

跨境电商"刷单"第一案曝光，多位权威法律专家解读案例

2018年4月，广州市中院判处广州志都供应链管理有限公司（以下简称"志都公司"）及有关个人走私普通货物罪，涉案人员均判处有期徒刑以上刑罚和不等罚金，志都公司被没收违法所得及罚金300余万元。由于本案具有非常典型的意义，被业内称为跨境电商保税仓"刷单"第一案。

1. 案件回顾

2015年初，李某（已另案处理）指使志都公司的经理冯某某、业务主管江某某、兼职人员刘某某利用志都公司从事跨境电商业务，对外承揽一般贸易的进口货物，再以跨境电商形式伪报为个人海外购买进口商品，逃避缴纳或少缴纳税款；同时，李某指使程某某为广州普云软件科技有限公司（以下简称"普云公司"）申请跨境电商业务海关备案、开发正路货源，用于协助志都公司制作虚假跨境贸易订单等资料。

从2015年9月至11月期间，志都公司及冯某某、江某某、梁某某、刘某某、李某、王某、程某某利用上述方式走私进口货物共19 085票，偷逃税款共计人民币2 070 384.36元。

2. 法院判决

经过法庭审理，2018年4月，广州市中级人民法院对本案依法公开判决：志都公司、被告人冯某某和江某某、志都公司的其他直接责任人员刘某某，伙同被告人梁某某、李某、王某、程某某逃避海关监管，伪报贸易方式报关进口货物，偷逃应缴税额，其行为均已构成走私普通货物罪。志都公司在共同犯罪中处重要地位，是主犯，依法应承担全部罪责。

冯某某、江某某、王某、梁某某、刘某某、李某、程某某在共同犯罪中起次要或辅助作用，是从犯，应当从轻或减轻处罚。最终，涉案人员均判处有期徒刑以上刑罚和不等的罚金，涉案志都公司没收违法所得及罚金300余万元。

3. 案件解读

问题一：该类跨境电商走私案件为什么会发生？

对此，网经社电商研究中心特约研究员、上海亿达律师事务所律师董教智认为，我国法律规定，严厉打击利用跨境电商网购保税进口渠道"化整为零"进行走私的违法犯罪行为。

2015年9月14日，海关总署加贸司发布文件《关于加强跨境电商网购保税进口监管工作的函》，业内俗称"58号公告"。其中主要强调了两个方面：一是网购保税进口

应当在经批准开展跨境电商服务试点城市的特殊监管区域或保税物流中心开展，任何海关不得在保税仓库内开展网购保税进口业务。按照此规定，只有天津、郑州、宁波、广州、深圳、上海、杭州、重庆中的部分海关特殊监管区和保税物流中心才可开展跨境电商网购保税进口业务。二是公告中还强调了严厉打击利用跨境电商网购保税进口渠道"化整为零"进行走私的违法犯罪行为。

由于网购保税进口实行实名制，目前保税区的跨境电商试点存在利用他人身份证的刷单现象，类似于"水客"行为，即利用他人身份证"化整为零"进行并非以自用为目的的网购保税进口，然后给一些进口商品店供货。由于行邮税税率比一般贸易关税税率低不少，因而为此类行为提供了空间。

网经社电商研究中心特约研究员、北京德恒（深圳）律师事务所一级合伙人吕友臣律师指出，之所以利用跨境电商渠道进行走私，是因为跨境电商进口与传统的一般贸易方式进口存在着利益上的差距。一般表现为两个方面：一是税率上的差距，一般贸易进口适用税率相对较高的货物税，跨境电商进口适用税率相对较低的物品税（2016年4月8日财政部、海关总署、国家税务总局发布的《关于跨境电商零售进口税收政策的通知》开始执行之前）或跨境电商税率（《关于跨境电商零售进口税收政策的通知》执行之后）；二是一般贸易监管条件相对严格，跨境电商的监管条件相对宽松，正是基于不同贸易方式进口的差异，才导致本案的犯罪嫌疑人将本应以一般贸易方式进口的货物伪报成跨境电商商品，偷逃国家税款进行牟利。

此外，网经社电商研究中心特约研究员、浙江垦丁律师事务所联合创始人麻策律师认为，订单、运单和支付单三单碰撞一直是跨境电商的鲜明特色，这有效保障了国家对于跨境电商，特别是保税进口模式下真实物品进境的监管。随着税收新政的缓慢推进，很多平台为避免缴纳综合税而通过行邮免税的方式进境商品，虚构三单信息并逃税的方式也随之产生。在这种逃避海关监管的行为中，只要偷逃应缴纳关税额5万元以上，就可以构成走私普通货物罪。

网经社电商研究中心法律权益部助理分析师贾路路认为，本案的实质是，企业通过"刷单"的形式改变货物的法律属性，逃避国家税收，从而谋取不正当利益。这与我国法律对两种不同性质的商品存在不同的税收规定有关，即对于个人自用物品清关时实行税率较低的行邮税，而且行邮税在500元以下还是免征的；对于一般跨境电商贸易的物品则征收较高的关税和增值税。

企业有避税的动机无可厚非，而且合理的避税行为也是法律允许的，但是本案中，志都公司及其工作人员，通过伪造单证骗取海关来避税显然是不明智的，也是法律所禁止的。

问题二：跨境电商走私为什么涉及那么多主体？

贾路路认为，这与跨境电商涉及环节较多，流程比较复杂，需要多方参与协作有关。跨境电商包括从公司内部的销售人员、财务人员、技术开发人员，到业务主管人员、企业管理人员，甚至到公司外部的仓储人员、经销商、批发商等各个环节。而如果通过"刷单"作假的方式逃税，那么按照走私罪的规定，这些环节的人员都难辞其咎。

吕友臣也认为，正因为利用跨境电商渠道的走私需要多方联合造假，因此涉及的违法主体也相对较多。海关要求跨境电商经营主体实现系统对接，提供订单、物流、支付三单信息比对，因此，利用跨境电商渠道进行走私，必须虚构订单、物流、支付信息，伪造相关的证据材料，这也就使得利用跨境电商渠道的走私呈现出一定的技术难度，与一般贸易渠道伪报、瞒报、低报价格等简单粗暴的走私手法存在明显的差别。这在本案中有所体现。

这些违法主体有可能被认定为是犯罪的主犯，也有可能被认定为从犯或者帮助犯，这取决于各个主体在犯罪中的参与程度、地位、作用等因素。

问题三：该案对跨境电商行业有何影响？

吕友臣认为，该案及后续的相关案件的查处宣判将会对跨境电商行业的合规合法经营带来深远的影响。广州市中级人民法院审理的这一宗走私犯罪案件，被称为跨境保税仓库"刷单"第一案。网经社电商研究中心获悉，这确实是近年来查处宣判的第一家跨境电商走私犯罪案件，具有典型意义，值得关注。

但严格地说，该案并不是跨境电商的经营主体在跨境电商经营过程中发生的案件，而是其他主体利用跨境电商渠道进出口发生的走私犯罪案件。从这个意义上来讲，该案对跨境电商领域的警示意义，特别是对跨境电商实际经营主体的教育作用似乎还存在不足。其实本案只是近两年来海关查处的众多跨境电商渠道走私犯罪案件的其中一个。

近年来，随着跨境电商的蓬勃发展，利用跨境电商渠道进行走私犯罪或者跨境电商经营主体违法经营的情形逐渐增多，海关打击的力度也在不断加大。相信该案及后续的相关案件的查处宣判，将会对跨境电商行业的合规合法经营带来深远的影响。

麻策进一步指出，在跨境电商领域，如在市区跨境电商O2O体验店，其展示的商品亦不得直接销售。通过跨境电商进境的物品不得再次销售（如个人携带进境的商品在境内进行转售或放置在实体店中出售的行为），否则均可能涉嫌构成走私普通货物罪，这些都值得跨境电商企业警醒。

贾路路进而指出，企业在经营过程中，会面临各种风险，法律风险也是其中之一，而且如果处理不好，会给企业造成致命的影响。

对于跨境电商企业来说，逃税的风险格外大。因为跨境电商流程具有复杂性，监管主体较多，尤其是关税环节的监管越来越规范、越来越严密；而且跨境电商具有技术性，一旦作假，监管部门通过技术侦查手段很可能还原事实真相。因此，本案对于从事跨境电商的企业来说，正是前车之鉴，后事之师。

董毅智补充道，相信该案能够给跨境电商从业者更多的警醒，唯有合法经营、真正创新、顺应发展，才能在激烈的竞争中幸存。

（资料来源：赵慧娥，岳文. 跨境电商 [M], 2 版. 北京：中国人民大学出版社，2022. 有改动）

问题：

1. 跨境电商走私为何较难处理？
2. 跨境电商"刷单"行为屡禁不止，你觉得可以采取哪些措施减少这种行为？
3. 你如何评价该案中的违法行为？

第12章 跨境电商出口

【学习目标】

知识目标
- 理解跨境电商出口的内涵。
- 能够比较一般贸易出口业务和跨境电商出口业务的不同。
- 理解跨境电商出口的商业模式。
- 理解我国跨境电商出口的发展现状和发展趋势。

能力目标
- 能够说明跨境电商出口的业务流程。
- 能够认识到跨境电商出口的优势。
- 能够充分理解跨境电商出口的商业模式。

素质目标
- 增强学生建设贸易强国的信心。
- 培养学生的家国情怀和民族自信。
- 培养学生精益求精的工匠精神。

【引导案例】

中国跨境电商品牌海外营销分析

1. 背景分析

跨境电商行业自2020年以来迎来快速发展,市场和从业者规模不断扩大。进入2022年,受国外高通胀、能源价格上涨、汇率波动等因素影响,跨境电商卖家面临挑战。

在平台端，亚马逊平台服务费用逐渐上升。据调查，2022年，亚马逊卖家的平台运营费用已经超过销售费用的50%。而Google和Facebook这两个主要广告投放平台的广告费用也在上升，正在侵蚀卖家的利润。

在消费端，海外用户的喜好也在发生变化。一项调研数据显示，消费者购买具有强大品牌价值产品的可能性，比购买品牌价值不突出的产品的可能性要高出4倍。

在全球经济震荡之中，求稳、求生存成为跨境电商企业的主流策略，与此同时，以宁德时代、安克创新为代表的知名跨境品牌却还能实现营业额的同比上升。

现今局势之下，变与不变不再是选择题，跨境电商行业转型迫在眉睫，品牌力将成为卖家破局的核心竞争力之一。

2. 品牌出海需求分析

（1）降低流量成本

产品的差异化、个性化。市场上同类型产品成千上万，如果要想在用户心中留下与别人不同的印象，就需要依靠品牌。有了品牌即获得区别于竞争产品的卖点和市场位置，使商品在消费者心中产生具体化的形象，以此打造出产品差异。

转化成本。产品的推广必然面临着营销成本，越高的转化率就越能摊薄成本，提高利润。品牌在用户心中建立的形象，能帮助用户快速决策，加快购买速度，降低选择成本，使得成交达成更为容易。

而对于企业而言，由于品牌效应的存在，增加的销量能够形成生产规模效应，无论是单个产品的生产成本还是营销成本、传播频次，都会进一步下降。

（2）打造护城河

提高品牌转化率。打造品牌即能将产品与某种特质挂钩，占领用户心智，产生某种程度上的不可替代性。品牌不仅可以促使消费者复购，还能产生口碑效应带动周边人购买，从而促进转化率的提高。固定的流量推广，带来不同的转化次数，必然能提升整体的转化率。

占领用户心智，打造护城河。当前，平台卖家在发展过程中，面临的主要困境是同质化竞争，并被动陷入比拼性价比的漩涡中。通过品牌建设，在行业竞争中，卖家可以为自己的产品打上品牌的烙印，通过法律和平台手段，有效地防止抄袭和跟卖，并通过服务、满足消费者的情感诉求、研发技术优势和供应链优势等方式建立自己的壁垒。

（3）获取利润

获得附加值。品牌可为产品带来附加价值。品牌产品相比无品牌产品可以卖出更高的价格。有数据显示，在发达国家，消费者愿意为品牌支付的溢价可达10%，甚至更多。消费者在理性消费之外，也有感性消费，消费者往往愿意为感性消费支付更多价值。通过满足消费者的感性需求，产生品牌溢价，可为卖家带来更高的利润。

获得高差价。对于B端和工厂型卖家来说，通过打造C端品牌，直达消费者，可以获得比 B 端销售更高的差价，同时开拓新的销售渠道和市场。在成本和供应链方面，工厂型卖家往往也更有优势。

获得议价权。在 C 端市场获得良好反馈的品牌，可以反向增加 B 端客户对产品的信心，增加其采购决心，卖家可通过 C 端的市场和定价提高自身的议价权。

3. 品牌海外营销难点

（1）广告使营销成本上升

随着电商市场的增长，更多品牌和卖家争夺广告位置，导致广告竞价增高，同时，苹果、谷歌隐私政策的变化，也影响了站外的广告效率，品牌的广告营销成本不断上升。据 2022 年上半年的一项研究显示，不同平台的广告费用都有不同程度上升，如谷歌每千次展示费用同比增长 75%，亚马逊赞助广告的 CPC（每点击成本）同比增长了 14%。

（2）文化差异使品牌形象接受度低

由于国内外文化存在的差异，品牌难以做好营销内容本土化的工作，广告营销往往照搬国内模式，难以吸引国外消费者，产生了许多无效的营销内容，甚至对品牌造成负面影响。长期以来，中国产品一直以性价比高的形象出现，也导致国内品牌很难在国外消费者心目中建立高端和精品等品牌形象，影响产品的定价和利润。

（3）产品与市场需求割裂

很多卖家在出海时往往依靠本土的成熟产品和供应链，但国内外消费习惯、法律法规、政策方面也存在差异性，加上组建海外本土化团队的成本较高，品牌对海外用户的真正需求缺乏了解，在国内流行的产品在国外也有可能水土不服。

4. 营销助力品牌出海

（1）打造品牌记忆点

品牌名是触达消费者的第一个记忆点，是消费者识别出产品的重要因素。品牌名既要符合产品定位，又要体现企业内涵，有时还要契合时代要求，满足受众审美及偏好，是所有信息的综合体现。总之，它能够让用户记住并能产生联想。商家在确定品牌名称时，也要符合当地法律法规的规定。

（2）打造品牌价值

如何让消费者接受由品牌带来的溢价？这就需要品牌具有品牌价值。而价值又体现在认知与使用价值两个方面。消费者对品牌会有属性、品质、档次、文化等各类认知，这种被社会广泛认可的品牌内涵，使得品牌具有不同的溢价。另外，产品的使用价值，是品牌的根基。

（资料来源：https://www.vzkoo.com/read/202308222845a534f945582ba45b578f.html. 有改动）

【案例思考】

1. 中国品牌为什么要积极"出海"参与跨境电商?
2. 针对品牌出海中的跨文化沟通难点,你觉得可以采取哪些改善策略?
3. 在跨境电商出口中,你知道哪些品牌在"出海"中做得比较好?

12.1　跨境电商出口的业务流程

跨境电商出口是指跨境电商的交易主体通过跨境电商平台将一国关境内的商品或服务销往别的国家或地区的贸易方式,涵盖了商品电子贸易、线上数据传递、跨境电子资金支付及电子货运单证和跨境物流等业务内容。目前,商品或服务出口到境外市场主要有一般贸易出口和跨境电商出口两种正规途径,两者在业务流程上不同,在效率和成本上也体现出较大的差异。

【相关链接】

中国外贸出口稳步提升,但品牌知名度仍有待提高

《中国对外贸易形势报告(2021年秋季)》显示,2021年前10个月,中国货物出口达17.5万亿元,增长22.5%,与2019年同期相比,出口增长25.1%,国际市场份额稳步提升。根据世界贸易组织(WTO)的最新统计数据,2021年上半年,中国出口国际市场份额约为14.6%,同比提升0.9个百分点,继续保持世界货物贸易第一大国地位。

我国自主创新能力不断提升,出口竞争力持续增强。2021年前10个月,机电产品出口增长22.4%,高出整体出口增速0.2个百分点,占出口总值的58.9%。高质量、高技术、高附加值产品出口快速增长,集成电路、手机、家用电器、汽车、船舶出口分别增长23.2%、13.3%、18.8%、111.1%和19.5%。

美国是中国主要出口国家之一,2021年前10个月对其出口总额为4 653.1亿美元。但中国对美国的出口商品基本上以代工商品为主,如电脑、玩具、电视、手机、显示器、打印机等,除了联想、大疆等少数自主品牌外,大部分都是美国的戴尔、惠普、苹果,以及三星、索尼、博世等第三国的产品,中国的大部分品牌在美国的认知度较低。

(资料来源:http://zhs.mofcom.gov.cn/article/cbw/202111/20211103221875.shtml. 有改动)

12.1.1 一般贸易出口的业务流程

一般贸易出口大多是企业之间的一种商业行为,因此除交易流程复杂、交易成本高之外,对交易双方的资质要求也相对较高。通常中国境内的制造商或供应商先将货物销售给出口商,境内出口商再经跨境贸易将货物销售给境外进口商,境外进口商再将货物销售给境外批发商,境外批发商再将货物销售给境外零售商,境外零售商最后再向境外消费者进行售卖。

一笔出口业务从交易双方进行磋商开始,到货物验收、结算,需经历报价、订货(签约)、付款、备货和包装、通关、装船、签发提单、结汇等几个阶段。

1. 报价

在国际贸易中,一般以产品的询价、报价作为贸易的开始。出口报价是指出口商或卖方向国外客户提出进行交易的商品价格。为了合理报价,有经验的出口商会在报价前进行充分准备,在报价中选择适当的价格术语,利用合同里的付款条件、交货期、转运条款、保险条款等要件与买方讨价还价,同时,还可以根据买方的实力和性格特点、商品特点来调整报价。出口报价主要包括产品的质量等级、产品的规格型号、产品是否有特殊包装要求、所购产品的数量、交货期的要求、产品的运输方式、产品的材质等内容。比较常用的报价有 FOB 价(船上交货价)、CFR 价(成本加运费)、CIF 价(成本、保险费加运费)等形式。

2. 订货(签约)

贸易双方就报价达成意向后,买方企业正式订货并就一些相关事项与卖方企业进行协商,双方协商认可后,需要签订购货合同。在签订购货合同过程中,主要对商品名称、规格型号、数量、价格、包装、产地、装运期、付款条件、结算方式、索赔、仲裁等内容进行商谈,并将商谈后达成的协议写入购货合同,这标志着出口业务的正式开始。

3. 付款

比较常用的国际支付方式有三种,即汇款、托收、信用证。

4. 备货和包装

在整个贸易流程中,备货和包装具有举足轻重的地位,须按照合同逐一落实。主要包括对货物品质、规格、数量进行核对,并根据信用证规定,结合物流,以确保运输过程中不同运输方式的衔接来安排备货时间,同时根据货物不同、客户特殊要求和出口包装标准,选择合适的包装形式,如纸箱、木箱、编织袋等。

5. 通关

需由持有专业报关证的人员,持箱单、发票、报关委托书、出口结汇核销单、出口货物合同副本、出口商品检验证书等文本去海关办理通关手续。

其中，箱单是由出口商提供的出口产品装箱明细；发票是由出口商提供的出口产品证明；报关委托书是没有报关能力的单位或个人委托报关代理行来报关的证明书；出口结汇核销单是有出口能力的单位到外汇局申领的出口退税的一种单据；出口货物合同副本是对外贸易有关各方履行契约义务、处理索赔争议和仲裁、诉讼举证的具有法律依据的有效证件，同时也是海关验放、征收关税和优惠减免关税的必要证明；出口商品检验证书是经过海关部门或其指定的检验机构检验合格后面得到的，是各种进出口商品检验证书、鉴定证书和其他证明书的统称。

6. 装船

在货物装船过程中，可以根据货物的多少来决定装船方式（整装集装箱或拼装集装箱），并根据购货合同所规定的险种来进行投保。

7. 签发提单

提单是办理完出口通关手续、海关放行后，由外运公司签出、供进口商提货、结汇所用的单据。所签提单根据信用证所要求的份数签发，一般是三份，出口商留两份，用于办理退税等业务，剩余一份寄给进口商用来办理提货等手续。

对于海运货物，进口商必须持正本提单、箱单、发票来提取货物（需由出口商将正本提单、箱单、发票寄给进口商）。若是空运货物，则可直接用提单、箱单、发票的传真件来提取货物。

提单是代表货物所有权的凭证，因而也是卖方提供的各项单据中最重要的一种，所以在制作提单时须注意提单的各项内容（如提单的种类、收货人、货物的名称和件数、目的港、有关收取运费的记载、提单的份数等）一定要与信用证相符。

8. 结汇

出口货物装出之后，进出口公司即应按照信用证的规定，正确缮制箱单、发票、提单、出口产地证明、出口结汇等单据，并在信用证规定的交单有效期内，递交银行办理议付结汇手续。

12.1.2 跨境电商出口业务流程及其与一般贸易出口业务的比较

在一般贸易出口模式下，由于交易环节较多，跨境贸易需要通过多层分工才能保证顺利完成。跨境电商出口既有一般贸易出口的基因，也带有电商的新兴血统。与一般贸易出口相比，跨境电商出口最显著的特征是部分贸易环节从线下转到线上，同时缩减了过去线下交易的部分中间环节，使得制造企业与海外消费者之间的渠道长度缩短。跨境电商出口不仅包含商品的转移，还包括了中间数据信息的传送、资金往来、信息凭证的传达等方面，能够即时传递信息、快速应对消费者的反馈，在节省了成本的同时提高了效率。

在跨境电商出口模式下，境内制造商/供应商可以将商品直接在跨境电商平台上进行推广展示，然后境外的消费者或批发零售企业在该电商平台选购商品，在下单并完成支付后，国内供应商自己或者委托跨境电商平台将商品交付给跨境物流企业。跨境物流企业对该商品进行运输配送，运输配送一般需要经过两次通关商检，也就是出口国和进口国边境海关通关商检，最后成功地将商品送到境外消费者或企业的手中。

在完成出口贸易过程中，一些企业还会选择与第三方外贸综合服务平台进行合作，将物流、通关商检、跨境支付、贸易融资等环节委托其完成，从而提高整体跨境贸易的效率。

相对于一般贸易出口，跨境电商出口在以下几个方面具备优势：

① 跨境电商出口的贸易成本低。与一般贸易出口不同，境内的制造商或供应商通过跨境电商平台进行线上展示，境外的消费者或销售企业也通过电商平台挑选订购，并在线完成跨境支付，减少了原有的出口商、进口商等一些中间环节，使得跨境交易更加便捷。同时，减少了店面、员工、差旅等支出，使综合贸易成本大为减少。

② 跨境电商出口的贸易效率高。借助互联网平台，贸易可以突破时间和空间限制，供需双方能随时随地进行商务交流、达成交易，使工作效率大大提高。

③ 跨境电商出口的贸易信息更新及时，内容全面。跨境电商的交易信息资源可以实现联网共享，商家和消费者可以及时和全面地知晓商品价格和供求信息，这极大地减少了企业境外市场拓展的信息成本，特别是对众多的中国中小企业而言，跨境电商使其提高了境外营销能力，对中小企业国际竞争力的提升将起到重要的作用。

12.2 跨境电商出口的商业模式

跨境电商出口的产业链主要包括上游卖家、中游渠道和下游买家三个组成部分。上游卖家主要是指一国境内的制造商或者品牌商；中游渠道一般是指跨境出口中第三方平台或者企业自营电商平台，它们在电商运营和境外销售方面拥有经验，对接卖家和买家；下游买家要么是境外的企业客户，要么是个人客户。除了卖家、渠道、买家之外，还有一些跨境出口服务商，其中主要的是国际运输及海外仓服务商、支付服务商等，以及一些辅助软件服务商，如软件服务、营销服务等。

根据下游买家性质的不同，跨境电商出口主要有 B2B 和 B2C 两种商业模式。其中，B2B 的交易主体是企业，B2C 则是一种直接面向消费者提供产品和服务的零售模式，如表 12-1 所示。

表 12-1 跨境电商出口模式

商业模式	平台分类	模式关键词
B2B 模式	信息服务型平台	交易撮合服务、会员服务、增值服务 竞价排名、点击付费、展位推广
B2B 模式	交易服务型平台	佣金制、展示费、按效果付费 交易数据、线上支付、佣金比例
B2C 模式	第三方平台	第三方平台、生态系统、数据共享 平台对接、仓储物流、营销推广
B2C 模式	自营平台	统一采购、在线交易、品牌化 物流配送、全流程、售后保障

12.2.1 跨境电商出口 B2C 模式

跨境电商出口 B2C 模式，也称跨境电商出口零售模式，是指境内企业绕开境外的进口商、批发商和零售商，借助跨境电商平台把产品直接销售给境外消费者。自 2010 年以来，跨境电商出口 B2C 模式逐渐壮大起来，在 B2B 模式无法触及的领域，B2C 模式开辟了一片新天地。B2C 模式面对的是消费者或小微批发商，主要做零售业务。这种模式下，单笔订单金额小，但是订单数量多，跨境电商平台为卖家将货物售卖给海外消费者提供信息展示并完成交易流程，整个业务流程涉及多语言产品描述、跨境支付、跨境物流、售后客服和平台运营等，"产品＋运营"是 B2C 平台的核心。

1. 跨境电商出口零售运营模式

根据跨境电商出口企业的盈利模式，B2C 跨境电商出口企业又可以分为第三方平台型和自营平台型。第三方平台型电商的服务内容涉及电商出口的各个业务环节，包括商品展示、店铺管理、交易服务、物流服务、用户评价、仓储服务及产品或店铺的营销推广等，并将这些业务环节的信息集成到自身的交易平台中，形成了服务国内商家与境外消费者的生态系统。

第三方平台型电商更多的是作为管理运营平台商存在，通过整合平台服务资源来为买卖双方提供交易及其服务，如信用评价、物流、支付与结算等支撑服务，平台靠抽取佣金、广告费及其他增值服务费等获取收益。卖家可以在平台上销售各种商品，而平台本身不从事任何销售活动。在这种模式下，平台自身的压力很小，卖家自负盈亏，自行根据市场变动做出策略调整，其市场的自由化和灵活性大大超出其他模式。如亚马逊、eBay、Wish、全球速卖通等平台，都属于第三方平台型电商。其中，亚马逊是中国中小企业开展跨境电商出口时最受欢迎的第三方平台之一。

自营平台型电商对其经营的产品进行统一生产或采购，统一负责产品展示，在线交易等活动，并通过物流配送将产品送达最终消费者手中。自营平台型电商通过为消费者量身定做，或者按照消费者采购标准进行采购，引入、管理和销售各类品牌的商品。自营平台型电商需要在商品的引入、分类、展示、交易、物流配送、售后保障等整个业务流程投入力量进行管理，一些平台还建设了大型仓储物流体系来实现对货物的全流程管理。这种模式的缺点在于其内部机构庞大，平台运营资金投入大，平台直接面对顾客的压力较大。因此，很多自营平台型电商在开展自营业务的同时，也逐步开始将自营平台开放，为其他跨电商企业服务，形成了"自营+第三方平台"的模式。兰亭集势、京东国际等是自营平台型跨境电商出口B2C企业的代表。

2．跨境电商出口零售的物流与支付

跨境电商出口零售企业通过邮政包裹或快递直接将货物邮寄给境外消费者，如果没有经过报关、商检等一般贸易流程，银行则无法依据外贸资金管理规定为企业直接提供资金进出和结售汇服务，因而仅有作为第三方支付机构的合作银行可做国际收支申报和结汇登记。

第三方支付平台作为一种支付通道可与境外银行合作，帮助国内商家收取外汇，消费者和商家可以直接在线上完成跨境支付。很多跨境电商网站选择直接与境外商业银行合作，开通接收境外银行信用卡支付的端口，例如Visa（信用卡品牌）、MasterCard（万事达卡）等。用户可以直接通过信用卡进行支付，或者在线下网点转账汇款支付。缺点是接入方式麻烦、需预存保证金、收费高昂、付款额度偏小。

由于跨境电商涉及不同币种、语言及金融政策等因素，因此第三方支付平台与商业银行一般是合作关系，二者互为补充。但与此同时，第三方支付平台与银行也存在着竞争，因为有了第三方支付平台，消费者可以直接绕过银行进行付款。

12.2.2 跨境电商出口 B2B 模式

在跨境电商出口B2B模式下，企业借助信息服务与电商平台及客户紧密联合，通过更快、更有效的反应能力来为市场提供更好的服务，以促进企业相关业务的顺利开展。

1．跨境电商出口B2B运营模式

跨境电商出口B2B运营模式根据平台运营形式的不同，可以分为自营型和平台型两大类。平台型又可以根据平台所覆盖行业的多少划分为垂直B2B模式、水平B2B模式、关联行业B2B模式。

（1）自营型B2B模式

自营型B2B模式一般是指有经济实力的大企业对自我组织结构的信息化建设。其目的是通过建设品牌网站，串联起行业的产业链，以实现产业链内上下游成员间的信息共享、业务协同和商业贸易。

自营型B2B模式是企业在其自建的平台上进行统一生产或采购，统一负责商品的陈列展示、价格策略、营销措施、线上交易等活动，最终通过平台统一的跨境物流系统将产品送入买家手中的一种运营模式。平台借助互联网技术建设完善企业供应链管理系统，做到对每一笔交易进行全程跟踪与实时动态管理。

自营型B2B模式本质上是实体企业的业务在互联网上的延伸，企业希望通过建立属于自己的电商平台来获得更多的商业机会，并提升供应链服务水平。然而，由于企业自建平台较为闭塞，缺少对相关领域的深度整合，有些企业只是将B2B网站作为相关增值服务进行维护，所以目前在跨境贸易份额占比并不大。

（2）垂直B2B模式

垂直B2B模式是指专注某一特定行业的第三方跨境电商B2B模式。行业类型如电子元器件、农业、钢铁、化塑、旅游、服纺、汽车、医疗、快速消费品、MRO（非生产原料类工业品）等。B2B跨境电商的服务领域可以覆盖产业链的上、中、下游。以农业为例，从上游土地、农资，中游禽苗，到下游配料配送，农业产业链各环节都有相应的B2B跨境电商提供匹配服务。与之相似，在服纺行业中，上游的丝绸、棉花，中游的纱布、布料，以及下游的服装、纺织品，整个产业链的各个环节基本上都可以被B2B跨境电商平台所覆盖。此外，B2B跨境电商平台还可以集成很多支持服务的提供者，如第三方支付服务、金融服务、物流仓储服务及信息技术服务等，逐步形成针对一个特定行业的产业链服务生态系统。

中国建材集团旗下的易单网是跨境电商垂直B2B模式的代表性平台。易单网（OKorder.com）专注于建材类产品，为在平台上注册的会员企业（主要为国内的中小型建材生产企业）提供一对一的专属全球推广服务。平台整合了出口供应链资源，将生产、检验、报关报检、跨境物流、出口结算、保险金融各环节整合在跨境电商平台上，打造了外贸综合服务平台。通过与易单网的合作，国内中小型建材生产企业可以将产品推广至境外市场。易单网提供的服务涵盖了金融、通关、退税、外汇、销售、物流、售后服务等所有环节。

垂直B2B模式交易最大的优点就是对行业的专注，在固定的产业链中不断探索，开发出很多独具特色的服务内容与盈利模式。但同时，行业的局限性也使此类平台面临风险，若该行业受到国际贸易政策的负面影响，则可能对平台上的企业造成巨大的打击。此外，垂直B2B的交易形式会被产业链上下游关系的波动所影响，往往一荣俱荣，一损俱损，其中的链条式关联形态存在着大量的价值交换，产业链断裂时，上下游里不论是产品或服务，还是反馈的信息，都将受到很大影响。所以目前在我国采用垂直B2B模式的电商企业所占交易比重不是很高。

（3）水平B2B模式

与垂直B2B模式覆盖单一行业不同，水平B2B模式下的跨境电商平台可以覆盖多个行业，为平台上的买方和卖方企业提供产品发布、信息搜索和供求信息匹配等基础服务，以及信用认证、营销推广、仓储、运输、物流配送、第三方支付等增值服务。水平B2B模式下的跨境电商平台不参与平台上注册企业的经营，只为买卖双方的交易提供一个第三方的、开放式的服务平台，并从中收取相应的增值服务费用。

敦煌网、Tradewheel（贸易轮，跨境电商平台）、中国制造、环球资源、阿里巴巴国际站等平台都属于这一类模式。水平B2B模式的跨境电商平台覆盖行业广泛，用户规模相对较大，进入门槛较低，许多刚刚进入跨境电商领域的中小型企业会选择这种方式。但是，该类平台上竞争激烈，卖方企业获得用户关注的营销成本已经越来越高。

（4）关联行业B2B模式

关联行业B2B模式是对垂直B2B模式和水平B2B模式的综合整合，兼具了以上两种模式的特点，主要是相关行业的企业为了降低固定产业链的经营风险，选择在与经营行业相关的平台上进行一系列营销，更多的是为了联系供求双方，提供交流便利，也提升了跨境电商交易的深度和广度。比如美国陶氏化学公司的B2B平台，就是与壳牌、科诺特、西方石油等十多家跨国公司联合创建的。

无论采用上述哪种B2B模式，B2B跨境电商出口的基本流程均包括境外商业客户发出订单，境内供应商发起订单查询，在得到海外客户的审核答复后，供应商向国际物流商发出运输查询，物流商在接到运输通知后开始发货，境外商业客户支付。商机对接是跨境电商出口B2B模式发展的一个核心问题，境内企业在寻找境外零售商、境外批发商、境外销售渠道的过程中常常会遇到信息对接问题。在整个过程中，跨境电商平台发挥了重要的连接作用。

2．跨境电商出口B2B平台的盈利模式

依据跨境电商出口平台所能提供的服务及其价值定位，B2B平台可以分为信息服务型平台和交易服务型平台两大类，两类平台的盈利模式存在差异。

（1）信息服务型平台的盈利模式

信息服务型平台的价值定位主要是为平台上众多的买家和卖家企业提供信息发布、信息搜索和交易撮合的服务。此类平台主要的盈利模式是收取会员服务费和增值服务费。会员服务费一般针对卖家企业收取，即卖家企业每年缴纳一定的会员费用后享受平台提供的各种基础类服务，如信息发布、交易撮合等。增值服务费是在买家和卖家企业成为平台免费或者收费会员后，平台为其提供更多有价值的服务后收取的费用，主要包括信用认证、竞价排名、产品或企业网站推广、个性化精准信息推送、信息咨询服务等。阿里巴巴国际站、环球市场、环球资源等跨境电商出口平台都能为平台上的企业提供多种增值服务。

（2）交易服务型平台的盈利模式

交易服务型平台的价值定位是不仅能为买卖双方提供供求信息的匹配，还能为其提供在线订单达成与支付的服务。交易服务型平台的盈利模式通常是收取佣金费和展示费等。佣金费是平台在每一笔交易成功后根据不同行业不同评量标准收取的一定比例的费用，通过佣金收取反映的实际交易数据可以了解卖家的情况，增加卖家信息的透明性，扩大买家对卖家的了解。展示费是在卖家发布商品有关信息时平台收取的费用，若不对展位面积规模进行区别，那么一旦卖家发布商品信息，平台就会通过线上支付完成展示费的收取。此类模式的代表性平台有大龙网等。

受限于单笔 5 万美元的限额和现行外汇管理制度，目前很多第三方支付机构都还无法支持 B2B 跨境电商的在线支付结算。即使跨境电商企业通过线上达成订单交易，B2B 业务的整个结算体系也仍然十分传统和烦琐，尤其是当 B2B 交易金额较大时，很难适用电商通常"先款后货"完成线上结算的方式，仍然需要沿用传统国际贸易中常见的结算方式，如信用证、保理、电汇等，辅以合同、发票、报关单等单证通过银行完成结汇。

【相关链接】

做好精细化运营，冷门类目也有春天

出口零售电商通过网络直达全球，在自媒体、病毒式传播等作用下，跨境网购使新品牌、新事物有了诸多发展机会。对跨境卖家来说首要的是产品竞争战略，即市场差异化、客户专一化战略。

VNOX（某公司名称）原是一家做手表表链的深圳代工厂（OEM，原始设备制造商），2013 年在阿里巴巴全球速卖通平台开店，通过全球速卖通平台的数据工具，VNOX 能够清晰了解自己用户的属地分布。VNOX 表示"美国是 VNOX 最大的客源地，占 40% 多，此外是俄罗斯、西班牙、巴西等国家，我们的客户集中在 17~25 岁这一年龄段"。为此，VNOX 根据几大不同客源国的"街头文化"，沉淀出了针对不同用户的产品风格。VNOX 在产品上对用途和风格重新设计，主打手链、戒指等不锈钢材质男性饰品，在展示图片上用纯黑背景打造酷黑风。

VNOX 店铺每个月都会上新二三十款产品，但确定哪个是爆款很有研究，"我们的方法是让粉丝告诉我们结果"。比如新品上架后，运营人员会将其同步到粉丝营销中，提供粉丝专享折扣，根据老客户的反馈获得新品推广的初步筛选结果，再通过加联盟来扩大目标群体。在 5~7 天后，新品的表现已经拉开了差距，表现最好的单品会被选上做直通车推广。差异化、专一化的客户定位分析，使 VNOX 的小众产品成就了跨境大卖。不到一年，VNOX 月均商品交易总额就达到了 10 万美元，粉丝复购率接近 60%。

（资料来源：https://www.sohu.com/a/315920283_115514. 有改动）

12.3 跨境电商出口的监管模式

12.3.1 跨境电商出口 B2C 的监管

中国海关监管 B2C 模式在跨境电商出口业务中发展较早，比较有代表性的政策文件主要是 2013 年 8 月发布的《国务院办公厅转发商务部等部门关于实施支持跨境电子商务零售出口有关政策的意见》（国办发〔2013〕89 号）。该文件明确解决了海关、税务和收付汇等相关机构在跨境电商业务处理中存在的主要问题，提出建立电商出口新型海关监管模式并进行专项统计，以推动跨境电商出口零售业务健康发展的想法。2014 年 1 月，海关总署发布《关于增列海关监管方式代码的公告》（海关总署公告〔2014〕12 号），增列海关监管方式代码 "9610"，适合采用 "清单核放、汇总申报" 模式办理通关手续的电商零售进出口商品。在 "9610" 模式下，B2C 出口流程可以归纳为：境外买家网上购物—订单付款—清单核放—买家收到货物—汇总申报。以上操作模式对零售出口的跨境电商业务进行了规范，在一定程度上提高了企业的通关效率并降低了成本，更有利于精准的海关统计分析，为相关部门决策支持带来了战略性的意义。

跨境电商出口 B2C 根据货物出境的物流方式的不同，可以分为跨境 B2C 出口直邮和跨境 B2C 出口保税集货两种业务模式，分别对应不同的监管方式。

1. 跨境 B2C 出口直邮监管模式

跨境 B2C 出口直邮监管模式采用的是整批货物放行模式。邮政或快递等物流企业把电商的出口清单、产品名称、数量、价格及收货人等相关信息推送给海关，海关审核后自动放行货物。在此过程中，海关可抽检该批次货物。相对于过去逐个包裹放行的传统模式，跨境 B2C 出口直邮监管模式效率更高，且可以实现出口退税操作。

跨境 B2C 出口直邮监管模式的基本业务流程如下：

① 备案管理。电商企业或其代理、支付企业或其代理、物流企业（邮政或快件企业）等向海关申请企业备案。产品备案信息由企业向海关发送，企业申报时对产品进行预归类，海关审批并确定商品编码。

② 集中监管。电商货物运送至邮政快件监管中心、邮政国际邮件处理中心、机场快件监管中心集中监管。

③ 清单核放。跨境电商交易完成后，电商企业、支付企业、物流企业分别将订单、支付单、运单等 "三单" 电子数据向海关发送。具有报关资质的电商企业或电商企业委托的具有报关资质的物流企业向海关申报报关清单，以电子清单随附 "三单" 数据

作为跨境电商货物核放的依据。通关平台将出境清单与电子订单、支付凭证、物流运单及商品备案信息进行比对。审核通过后，通关平台将数据下发至快件现场分拣设备进行实货核放。

④ 快速验放。工作人员通过快件现场分拣设备，对出口商品进行快速验放。对其中无须开箱查验的商品"同屏比对"无误后直接放行；对需要开箱查验的商品转人工查验。

⑤ 汇总申报。货物离境后，在规定时间内，电商企业或物流企业对已离境放行未汇总的出境清单进行汇总，通关平台按照业务规则归并生成形式出口报关单，通过电子口岸向海关进行申报，海关自动审核结关。企业凭报关单证明联向相关部门办理结汇、退税等手续。

2. 跨境 B2C 出口保税集货监管模式

所谓跨境 B2C 出口保税集货监管模式是指运营企业采用 B2B 货物"整进"方式在保税物流中心进行集中备货，再以 B2C"散出"方式离境的运作模式。在跨境 B2C 出口保税集货监管模式下，商品经集中采购，在海关查验后进入保税仓库储存，生产企业提前退税，当境外消费者网上下单时，商品在海关监管下完成清关查验，由物流公司从保税仓库直接配送至海外消费者。该模式可以使境外消费者网购时效性更高，生产企业退税更便捷。同时，保税出口"批次进出、集中申报"的模式可以直接缩短境内出口货物通关的时间，从而节约整体物流成本。

12.3.2 跨境电商出口 B2B 的监管

我国跨境电商 B2B 业务在很长一段时间内并没有专门的监管文件，借鉴前期跨境电商 B2C 监管改革试点的成果，同时针对现有跨境电商 B2B 业务中所暴露出的问题，海关对跨境电商出口 B2B 监管模式进行了创新。2020 年 6 月，海关总署下发了《关于开展跨境电子商务企业对企业出口监管试点的公告》（海关总署公告〔2020〕75 号），并自 2020 年 7 月 1 日起在 10 个直属海关开展试点。该公告首先对跨境电商出口 B2B 进行了描述，即跨境电商出口 B2B 是指境内企业通过跨境物流将货物运送至境外企业或海外仓，并通过跨境电商平台完成交易的贸易形式。同时增设了适用于跨境电商直接出口 B2B 的海关监管方式"9710"，以及适用于跨境电商出口海外仓的监管方式"9810"。

与一般的"跨境电商零售 + 小包裹出口"不同，海外仓备货模式实际上是一种"批量出口"模式，由跨境电商出口企业在境内批量采购商品，办理出口手续后运至目的国，完成目的国进口报关手续后进入海外仓，然后在跨境电商 B2C 平台上销售，接到境外消费者的订单后，由海外仓向消费者派发商品。

尽管跨境电商"批量出口 + 海外仓备货"业务还是按照一般贸易做出口申报，但是其本质却不是 B2B，而是直接面向境外消费者的 B2C。其与传统一般贸易出口的最大不同在于，跨境电商"批量出口"拼货模式较多，一次出口的商品种类或多达几十种、几百种，而每一种类的商品数量并不会太多。商家需要合理安排海外仓中的商品库存量，既要尽可能地减少缺货，又要避免库存积压。

在此类业务开展过程中，跨境电商出口企业还会遇到出口退税难等问题。跨境电商出口企业一次出口多种商品，对每一种商品进行调查既费时又费力。

12.3.3 特殊监管区域跨境电商出口的海关监管

经国务院批准，我国关境内设立了以海关为主实施封闭监管的特定经济功能区域。这些特殊监管区域具备承接国际产业转移，连接国内、国际两个市场的特殊功能。海关特殊监管区域有不同的业务操作模式，相应的海关监管也存在一定的差异。例如，针对通过特殊监管区域或保税监管场所进出的电商零售进出境商品，海关增列了"1210"监管代码，全称为"保税跨境贸易电商"。除此之外，截至 2020 年 5 月，全国批准设立的跨境电商综合试验区数量已达 105 个，在综试区所在地的海关，对于跨境电商 B2B 出口单票金额在 5 000 元人民币以下且不涉证、不涉税、不涉检等符合条件的货物，可以通过"跨境电商出口统一版系统"以申报清单的方式通关。以 B2C "9610" 模式出口的可以按 4 位 HS 编码简化申报，以"9710""9810"模式出口的可以按 6 位 HS 编码简化申报。"跨境电商出口统一版系统"以申报清单的方式通关，无须汇总申报报关单，申报要素减少 57 项，让中小微企业出口申报更为便捷。

12.3.4 跨境电商出口业务海关监管重点环节分析

跨境电商出口业务要明确业务模式，在此基础上才能确立合适的海关监管方式。在具体操作过程中，商品的交易流程、通关流程、物流运输等也要符合监管要求，需要注意的重点海关监管环节主要包括以下内容。

1. 开展跨境电商出口业务前的监管

根据规定，跨境电商出口业务经营主体分为三类：一是自建跨境电商销售平台的电商出口企业；二是利用第三方跨境电商平台开展电商出口的企业；三是为电商出口企业提供交易服务的跨境电商第三方平台。因此，跨境电商出口的境内经营主体单位，如电商企业、电商平台企业、报关企业在开展业务之前按照海关总署《中华人民共和国海关报关单位备案管理规定》（海关总署令第 253 号）的属地经营注册登记原则，都需要在海关进行注册登记。对于适用海关监管方式代码"9810"的跨境电商的海外仓出口，在实际业务中，海外仓可以采用自建、租赁、合作等多种形式，因此需要企业提交相关材料进行前置审核，必须完成海外仓企业资质的备案登记手续。

2. 申报环节的监管

对于跨境电商出口业务 B2C 的"9610"模式，可通过海关总署的"跨境电商出口统一版系统"完成申报及验放，随附单证强调"三单比对"，即订单、支付单、运单在系统上完成传输。而跨境电商 B2B 出口，鉴于大企业卖家和中小企业卖家在通关方面不同的实际需求，企业可以依据交易金额的大小，是否涉证、涉检、涉税等综合因素考虑选择通过海关 H2018 系统申报或者通过"跨境电商出口统一版系统"申报。试点中对随附单证进行了简化，要求传输订单（"9710"模式）或订仓单（"9810"模式），"跨境电商出口统一版系统"则要求物流单、首次的报关代理委托书等。

3. 跨境电商出口业务退货环节的监管

针对跨境电商出口退货如何处理的问题，我国无论是在政策规定还是在实践操作方面都经过了一系列的探索。海关总署 2016 年第 26 号公告、2018 年第 194 号公告都有相应的规定。近年来，跨境电商业务平台、卖家之间竞争激烈，退货门槛降低，退货商品数量不断增加。经过前期试点，《关于全面推广跨境电子商务出口商品退货监管措施有关事宜的公告》（海关总署公告〔2020〕44 号）明确规定了最新的退货监管政策和操作细节，从退货企业要求、退货范围、时间要求、运回方式等方面加以明确，退货渠道的畅通有力地推动了跨境电商出口业务的健康快速发展。

12.4 我国跨境电商出口的发展现状与趋势

12.4.1 我国跨境电商出口的发展现状

1. 跨境电商出口交易规模迅速增长

近年来，受政策扶持、市场环境改善等利好因素的影响，中国跨境电商出口保持快速扩张的趋势，成为推动我国外贸发展的重要力量。2021 年，我国跨境电商规模持续扩大。海关总署的统计调查显示，2021 年我国跨境电商进出口规模约 1.92 万亿元，同比增长 18.6%，占进出口总额的 4.9%。其中，出口约 1.39 万亿元，增长 28.3%；进口约 0.53 万亿元，下降 0.9%（见图 12-1）。

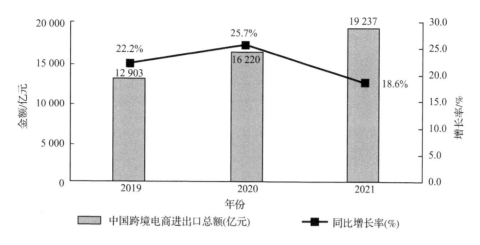

图 12-1　2019—2021 年中国跨境电商进出口总额及增速

跨境电商出口的高速增长，源于跨境电商零售方式替代了传统线下零售方式，并且中国制造的产品品类丰富，更具性价比。此外，随着国家"一带一路"倡议逐步推进实施，以及《关于实施支持跨境电子商务零售出口有关政策的意见》等一系列涉及跨境电商的政策性文件的发布，我国外贸发展方式也从"制造驱动"向"服务驱动"转型升级。作为政策重点支持的外贸方式，跨境电商以"互联网+外贸"的形式，以大数据等技术为依托，以满足消费者个性化、多样化需求为基础的特性，进一步促进了跨境电商出口业务的发展。

2. B2C 占比上升，B2B 和 B2C 协同发展

2019 年，中国跨境电商出口 B2B 市场规模占中国跨境电商出口市场的 71.0%；2020 年，中国跨境电商出口 B2B 市场规模占中国跨境电商出口市场的 68.8%。从业务模式来看，B2B 仍旧是当前及未来中国跨境电商出口的主导模式，其原因主要在于传统贸易下我国生产商未能塑造出自身品牌的国际影响力，而更多的是以国际品牌代工厂的身份出现，随着互联网、跨境电商的发展，以及中国制造产品质量和海外本地化服务水平的提升，国外消费者对中国制造的品牌认可度在逐步提升，这促使跨境电商零售的出口比例逐年提高。

跨境电商零售模式的发展为中国制造业出口企业扩展新业务提供了新的可能性。然而，B2B 作为全球贸易的主流，在可以预见的未来仍然会是中国企业开拓海外市场的最主要模式。

3. 产品品类和销售市场多元化

我国跨境电商出口业务中，从销售产品品类来看，3C 电子产品（计算机类、通信类、消费类电子产品）、家居家具、服装鞋帽位列前三，分别有 28%、26% 和 22% 的卖家销售相应品类产品。此外，美妆个护、运动户外、小商品和工艺品、手工园艺等品类也是当前跨境电商出口的热点。3C 电子产品在中国供应链中优势明显，其为标准化产

品，重量小、价值高，物流成本占比较低，适合跨境电商销售，占据中国跨境电商出口经营品类第一位，2018年市场份额达18.5%。服装服饰、家居园艺产品紧随其后，前三类跨境电商出口经营品类市场份额合计达39.4%，产品品类的集中度较高。

从卖家地理分布特征看，中国卖家大多数来自制造业发达的珠三角、长三角地带。近些年，跨境电商卖家开始向内陆延伸，覆盖更多的产业带。同时，中国卖家对境外环境与消费者需求变化的快速响应能力不断升级，能够快速识别全球消费趋势走向并灵活调整选品策略，形成了柔性供应链优势。

从境外市场分布看，艾瑞咨询研究结果显示，2019年8月至2020年7月期间，中国出口至全球的包裹数量排名前五的国家或地区主要为欧美发达国家。其中，中国发往美国的包裹数量最多，占比达到35.2%，英国为6.4%、法国为5.6%、加拿大为4.8%、德国为4.6%。尽管欧美仍是我国跨境电商的主要市场，但东南亚国家联盟正成为我国最大的贸易伙伴，2020年我国与东盟的进出口总额为4.74万亿元，同比增长7%。东盟超越欧盟，历史性地成了我国第一大贸易伙伴，而跨境电商正是引发中国-东盟贸易快速增长的重要引擎，根据亿邦智库及前瞻产业研究院提供的数据，接近四成受访跨境电商企业已经进入东南亚市场，超过了日本、韩国和俄罗斯。此外，进入非洲、拉美、中东等市场的企业不足20%，未来将有极大拓展空间。

4. 跨境电商已经进入立体化渠道布局阶段，独立站正在兴起

中国跨境电商企业进入境外市场通常选择入驻第三方平台，除了亚马逊、eBay、阿里巴巴国际站、Wish全球速卖通等面向全球的国际化平台之外，Shopee（虾皮）、Lazada（来赞达）两个面向东南亚市场的平台也成为中国跨境电商企业的重要选择。同时，也有企业选择入驻Newegg（中国新蛋网）等境外平台。中国的跨境电商企业正在深度融入全球市场。

此外，中国跨境出口企业借助第三方软件服务商的云服务平台建立的独立站或自建平台的数量也在增多。中国跨境电商企业开始建立独立站，一方面是因为第三方平台运营成本增加，头部效应越来越明显，且常出现罚款或封号等问题；另一方面是因为独立建站工具开始普及，Shopify（加拿大电子商务软件开发商）、BigCommerce（美国电子商务软件开发商）等境外的服务商大力开展中国业务，本土的独立站服务商也在崛起，使得建立独立站的门槛大大降低。

5. 移动端助推跨境电商发展

移动技术的进步使线上与线下商务之间的界限逐渐模糊，促使我国以互联、无缝、多屏为核心的"全渠道"购物方式快速发展。从B2C方面看，移动购物使消费者能够随时、随地、随心消费，极大地拉动了市场需求，增加了跨境电商出口零售企业的机会；从B2B方面看，全球贸易小额、碎片化发展的趋势明显，移动技术可以让跨国交易无缝完成，卖家随时随地做生意，白天卖家可以在仓库或者工厂用手机上传产品图

片，实现实时销售，晚上卖家可以回复询盘、接收订单。以移动端为媒介，买卖双方沟通变得非常便捷。

6．跨电商产业链上各环节协同发展

跨境电商涵盖实物流、信息流、资金流、单证流。随着跨境电商经济的不断发展，软件公司、代运营公司、在线支付公司、物流公司等配套企业都开始围绕跨境电商企业进行集聚。服务内容包括网店装修、图片翻译描述、网站运营、营销、物流、退换货、金融服务、质检、保险等。整个行业生态体系越来越健全，分工越来越清晰，并逐渐呈现出生态化的特征。目前，我国跨境电商服务业已经初具规模，有力地推动了跨境电商行业的快速发展，使跨境电商服务呈现综合化和多元化的特点。

7．跨境交易本地化

跨境电商出口物流服务产业化升级，不断向综合方案解决服务商转型，使物流服务多样化。中国卖家通过海外仓储提升商品配送速度，加快货品退换速度，提升用户体验，成为跨境电商出口服务商的重点关注项目，从而使越来越多的跨境电商出口选择交易本地化，向目的地市场伸出橄榄枝，提升本地化竞争优势。未来跨境电商出口交易将加强本地化服务质量，提升本地化服务能力，本地化服务竞争将成为未来跨境交易主流。

8．各级政府出台政策鼓励支持跨境电商发展

跨境电商兴起的早期，发展前景未知，一些地区的跨境电商发展没有得到政府的重视，也就未被纳入国家外贸统计系统中，同时跨境电商也未受到国家外贸机构的监督管理，发展受到许多因素的限制。自 2012 年 5 月开始，我国跨境电商服务的试点工作全面启动，各地政府也纷纷出台了相关政策来鼓励和支持区域内跨境电商的发展。2015 年 3 月，国务院同意设立中国（杭州）跨境电商综合试验区试点，将其发展方向确定为：以出口为主，适度发展进口；以跨境电商 B2B 发展为主导，以跨境电商 B2C 为补充；以政府端监管服务模式重构，带动市场端生态圈形成。截至 2020 年 5 月，中国已有 5 批共 105 个城市成为跨境电商综合试验区试点城市。

12.4.2 我国跨境电商出口的发展趋势

1．跨境电商产业集中度上升，推动企业建立自有品牌

随着我国电商法和跨境电商系列新政策的出台，跨境电商行业保持良好的发展态势，以欧美为主的国家在税收、运营等方面持续规范跨境电商企业发展，也加速了我国跨境电商企业的转型过程。在全球化趋势和消费升级的促进下，我国跨境电商市场的参与者将会面临规模较小的企业被整合或出局，市场份额进一步向头部企业聚集的局面。接下来，我国跨境电商市场集中度仍会不断提升。

随着线上消费的逐渐成熟，消费者将不再满足于低质量、无品牌产品，品牌化发展

已成为当下电商出口的重要举措。相较于一般出口贸易，跨境电商出口在减少商品流通环节、提高商品流通效率方面具有明显优势，拥有强大品牌、供应链布局的企业增长势能强劲。因此，越来越多的跨境电商出口开始重视品牌建设，深度运营产品的创新设计并加强对产品消费趋势的把控，加强境外客户对自身品牌的认知，拓展销售渠道和完善供应链体系，通过提升产品的品牌溢价构建核心竞争壁垒。

2. 跨境电商产品种类不断丰富，提升营销转化率成为发展重点

我国跨境电商企业的数量增多和境外消费者需求的多样化，促使跨境电商经营商品的种类不断丰富，目前已覆盖电子及通信产品、计算机产品及相关设备、服装服饰、家具家居、庭院园艺、宠物用品、母婴玩具、汽车配件等众多产品领域。随着海外仓建设、国际物流运输及供应链服务体系的不断完善，家具等较大体积产品在跨境电商领域也将快速发展。

随着线上消费规模的扩大和业务的发展，跨境电商的客户流量在达到一定规模后通常难以维持高速的增长，而提高流量转换率将成为跨境电商出口企业可持续发展的重要因素，企业不仅需要做到能及时、全面获取流量，还要能够经营好流量，建立精细化运营流程。以打通全渠道数据为根基，跨境电商出口将拥有通过用户行为数据寻找目标客户群、分析用户旅程、定位业务痛点等能力，跨境电商出口将进入全面数字化和精细化运营时代。

3. 海外仓的运营能力将成为跨境电商出口企业的核心竞争优势之一

随着全球买家对在线购物体验要求的逐渐提高，海外仓的作用日益凸显，通过自建海外仓，跨境电商企业可以提前完成备货：一方面有助于缩短客户下单后的配送时间、提升客户满意度，进而扩大销量；另一方面有助于跨境出口电商企业实现本土化运营，实现高效率退换货服务，与本地售后服务保持同步，进而提升消费者的消费体验。因此，具备一定技术与规模优势的跨境电商企业将逐步加大海外仓储体系建设力度，提升海外仓的运营能力，实现整个仓储物流端的高效管理，进而提高销售效率与库存周转能力，由此形成自身的核心竞争优势之一，并借此筑起较高的行业壁垒。

4. 第三方平台问题众多，独立站成为跨境电商新通道

2020年，亚马逊、阿里巴巴国际站、eBay、Wish等第三方平台仍是跨境商品的主要流通方式，占据市场八成份额。但从整体发展趋势来看，企业建立独立站的发展趋势也非常明显，建立独立站的比例从2016年的9.8%大幅提升至2020年的20%左右。未来这一趋势还将得到延续。

首先，佣金高、竞争压力大、业务流程无法改变、用户数据无法获取、存在被罚款的潜在风险，成为跨境电商入驻第三方平台的主要问题，卖家对拥有独立站的需求也越来越大。独立站模式的优势是可以让卖家拥有很高的自主权，在销售品类、产品选择、定价等方面无须受到平台的挤压和限制。同时，独立站模式让卖家可以最大限度地收集

与分析客户的信息，用于后续的选品与营销，培植自身的客户群体。

其次，境外市场反垄断机制的存在使头部企业发展受限，这为跨境电商独立站的发展带来了空间。目前全球已有 130 多个国家和地区实施反垄断法，在头部电商平台亚马逊受反垄断法案威胁之际，独立站、新型平台将拥有更多突出和崛起的机会，更有益于跨境电商的进入。卖家也可以利用独立站，分散在第三方平台账号受限、被封的风险。亚马逊等平台对卖家的监管与限制越发严格，许多卖家也逐步采取"第三方平台＋独立站"同步运营的模式，在平台之外利用独立站沉淀自身资源，分散平台风险。

再次，随着科技的发展，独立站建站服务商和工具逐渐普及。利用 Shopify、Square（美国软件公司）、BigCommerce 等电商平台提供的开发工具，卖家可轻松自建独立站，快速将业务从第三方平台向独立站迁移。从网站搭建到推广引流各项增值定制服务，建站平台的服务呈现出全流程一体化的趋势。

最后，随着业务规模的扩大，跨境电商卖家将不满足于第三方平台，建立新渠道的意愿会越来越强。跨境电商业务规模化的同时，在业务层面也需开展从粗到细的转型，而建设独立站是企业布局立体化境外渠道的重要举措之一。

5. 海外市场行业法规逐渐完善，强监管大势所趋

跨境电商作为发展迅猛的新兴行业，其创新往往领先于政府的监管和法规。近年来，境外主要国家或地区的法规已经逐渐更新完善，尤其是在税务方面进展较快。2018年，以来美国大部分州市已相继明确要求电商平台代征代缴销售税；2019 年，欧洲多国要求电商平台承担更大的税务合规责任，部分不合规的店铺被关闭停业；从 2021 年 1 月 1 日起，英国已经要求电商平台代征代缴部分产品的增值税，欧盟也将自 2021 年 7 月 1 日起执行电商平台代扣代缴增值税的政策。当今全球各国都面临较大的财政压力，合规经营已经成为跨境电商行业发展的必然趋势，跨境电商企业需要加强合规能力建设，以适应国际市场的相关要求。

本章小结

跨境电商出口是指跨境电商的交易主体通过跨境电商平台将一国关境内的商品或服务销往别的国家或地区的贸易方式，涵盖了商品电子贸易、线上数据传递、跨境电子资金支付及电子货运单证和跨境物流等业务内容。一般贸易出口业务从交易双方进行磋商开始，到货物验收、结算，需经历报价、订货（签约）、付款、备货和包装、通关、装船、签发提单、结汇等几个阶段。相对于一般贸易出口，跨境电商出口有以下三个方面的优势：第一，跨境电商出口的贸易成本低；第二，跨境电商出口的贸易效率高；第

三、跨境电商出口的贸易信息更新及时，内容全面。

跨境电商出口的产业链主要由上游卖家、中游渠道和下游买家三个组成部分。根据下游买家性质的不同，跨境电商出口主要有 B2B 和 B2C 两种商业模式。同时，跨境电商出口又包括 B2C 监管、B2B 监管、特殊监管区域跨境电商出口的海关监管。

我国跨境电商出口的发展现状表现为跨境电商出口交易规模迅速增长，B2C 占比上升，B2B 和 B2C 协同发展，产品品类和销售市场多元化，跨境电商已经进入立体化渠道布局阶段，独立站正在兴起，移动端助推跨境电商发展，跨电商产业链上各环节协同发展，跨境交易本地化，各级政府出台政策鼓励支持跨境电商发展。我国跨境电商出口发展趋势表现为：跨境电商产业集中度上升，推动企业建立自有品牌；跨境电商产品种类不断丰富，提升营销转化率成为发展重点；海外仓的运营能力将成为跨境电商出口企业的核心竞争优势之一；第三方平台问题众多，独立站成为跨境电商新通道；海外市场行业法规逐渐完善，强监管大势所趋。

跨境电商是以科技创新为驱动，积极运用新技术、适应新趋势、培育新动能的外贸新业态新模式，与海外仓等新型外贸基础设施协同联动，能够减少中间环节、直达消费者，有利于促进外贸结构优化、规模稳定，有利于打造国际经济合作新优势，已经成为我国外贸发展的有生力量，也是国际贸易发展的重要趋势。通过本章学习，读者能够更好地理解跨境电商出口的内涵，能够比较一般贸易出口业务和跨境电商出口业务的不同，理解跨境电商出口的商业模式，理解我国跨境电商出口的发展现状和发展趋势。

跨境电商训练营

一、核心概念

业务流程　一般贸易出口　跨境电商的出口、报价、通关、结汇、商业模式、B2B 模式、B2C 模式、监管模式、盈利模式、发展现状、发展趋势

二、同步练习

1. 一般贸易出口业务流程包括哪些内容？
2. 什么是垂直 B2B 模式？有哪些代表性平台？
3. 你对我国跨境电商出口的未来怎么看？

三、课外拓展

跨境电商创新突破焕发新活力

在技术创新、模式创新、监管创新的加持下，跨境电商正在成长为国际贸易的主要

力量。在自贸试验区、跨境电商综合试验区持续释放政策红利、优化服务体系的同时，AI 等新技术的赋能不断提升跨境贸易的数字化水平，多方合力之下，跨境电商正在加速形成具有国际先进水准的特色产业集群，在中国制造企业品牌与渠道建设等方面发挥重要作用。

1. "电商 + AI" 有望重塑外贸方式

人工智能技术和跨境电商新业态正在重塑外贸方式。记者通过一线调研了解到，如今跨境电商已成为不少外贸企业获取订单的重要渠道，在 AI 技术的加持下，跨境电商或对传统外贸方式产生深远影响。业内人士指出，跨境电商在中国制造企业品牌与渠道建设等方面将发挥重要作用。

2. AI 技术加持跨境电商

"跨境电商是我们业务的重中之重。跨境电商直播可以让海外买家看到真实的店铺、工厂和产品，我们的每个业务员必须会做直播。" 欧佩克机械设备有限公司总经理徐镜钱说。

"跨境电商""直播""AI" 等成为不少外贸企业口中的高频词汇。部分企业表示，在 AI 技术的加持下，跨境电商或对传统外贸方式产生深远影响。海关总署数据显示，2023 年，我国跨境电商进出口 2.38 万亿元，同比增长 15.6%。

3. 提升全球影响力

业内专家表示，以全球速卖通、SHEIN、TEMU 为代表的中国跨境电商平台全球影响力不断提升，正迈向高质量发展新阶段。今后，跨境电商在服务中国制造全球化品牌与渠道建设等方面将发挥重要作用。

"2023 年'双 11'购物节期间，我们仅在跨境电商全托管店铺就卖出了 3 万多件单品，差不多是平时的 5 到 8 倍。" 汽摩配国货品牌 CARE 有关负责人说，海外购物者参与"双 11"购物节的热情愈发高涨。

"在中国跨境电商平台全球影响力不断提升的背景下，海外消费者的购物习惯也逐渐被中国消费市场影响。""以前都是中国消费者参与'黑色星期五'等海外传统购物季，现在海外消费者也开始参与中国'双 11'购物节。" 采访中，不少外贸企业对记者感叹。

业内人士同时表示，跨境电商行业发展短板犹存。跨境电商行业快速发展的同时，必须清醒地认识到，行业发展仍存在诸多问题与挑战，其中不乏物流成本高、支付手续烦琐、文化差异等问题，需要产业链上下游加强合作，共同推动行业健康发展。

谈及补齐跨境电商行业发展的短板，业内专家提出以下几点建议：第一，针对基础设施不够完善的问题，需加大基础设施建设投入，提高通关效率，优化物流、信息流通道，降低企业运营成本，为跨境电商发展提供有力支撑；第二，针对海外仓功能和服务水平有待提升的问题，需加强信息化建设和合规管理，建立完善的海外仓服务体系，推动整个供应链的优化和发展；第三，针对人才短缺的问题，需加大校企合作，建立完善的跨境电商人才培养体系，满足行业发展需求，引进和留住高素质人才；第四，针对法治环境尚待规范的问题，需推动建立健全跨境电商法律法规体系，制定符合行业发展需求的政策法规，促进行业健康发展。

（资料来源：https://baijiahao.baidu.com/s?id=1791559498738773500&wfr=spider&for=pc. 有改动）

问题：

1. 人工智能方兴未艾，AI技术对跨境电商发展产生了哪些影响？
2. 跨境电商行业的发展面临哪些问题？

第13章 "丝路电商"发展与机遇

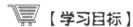【学习目标】

知识目标
- 了解"丝路电商"最新发展情况。
- 明确"丝路电商"发展趋势和变化。
- 理解"丝路电商"未来发展方向。

能力目标
- 掌握"丝路电商"最新发展情况。
- 能够理解"丝路电商"对中国跨境电商的发展影响。
- 能够理解"丝路电商"发展建议。

素质目标
- 正确认识"一带一路"是"减贫之路""增长之路"的倡议。
- 理解"丝绸之路"精神。
- 鼓励学生继承和发扬"丝绸之路"精神。

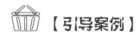【引导案例】

"一带一路"十周年了,跨境电商将迎来怎样的新十年?

"五年一小庆,十年一大庆"。中国人总是喜欢用"正"字记录时光,用长长的横开局,用长长的横收笔。2012年,亚马逊在中国推出"全球开店"业务,向中国卖家开放海外站点。亚马逊卖家群体就此站上跨境电商舞台,搭船出海,并渐渐走到"C位"。

2013年,习近平总书记分别在哈萨克斯坦、印度尼西亚发表演讲,提出共同建设

"丝绸之路经济带"与"21世纪海上丝绸之路"的倡议,"一带一路"扬帆起航。转眼,已是十年。站在十年之交的路口,跨境电商和"一带一路"将如何携手合作,写下新的"正"字呢?

1. 各自奔流终相汇

十年前,当亚马逊向中国卖家抛出橄榄枝之际,跨境电商与"一带一路"看起来并没有太实质的联系,就像两条没有交汇的河流,各自奔腾入海。"一带一路"从最初的修路建桥等大工程起步,逐步延伸至产业链、资源开发、环境保护等各项社会公共领域,"绿色丝绸之路""数字丝绸之路""健康丝绸之路"等建设,很快,"一带一路"开始全方面发展。

2. 左手"丝路",右手"电商"

经过十年的铺垫和积累,如今跨境电商与"一带一路"正走在携手共振的正循环大道上。十年来,我国已累计与151个国家、30多个国际组织签署了200余份共建"一带一路"合作文件,形成3 000多个合作项目,投资规模近1万亿美元。如此庞大的投资,使我国与共建"一带一路"国家互联互通,形成了"六廊六路多国多港"的基本格局。同时,截至2020年末,我国已与22个国家建立了"丝路电商"双边合作机制。

跨境电商,本质是电商,难点在跨境。交通和物流基础设施的提升,区域内货物通关便利机制的建立,打通了跨境电商的任督二脉。

东南亚跨境电商市场近年来的大爆发,"一带一路"功不可没。举个例子,2021年底中老铁路正式通车,仅仅开通9个月,国际货运总值就突破100亿元。2022年,我国与东盟通过铁路运输货物中,经过中老铁路运输的比重跃升到44.7%,对中国与东盟之间以铁路运输方式进出口增长的贡献率超过60%。

2022年4月25日,TikTok(抖音集团旗下的短视频社交平台)宣布上线东南亚四国(泰国、越南、马来西亚、菲律宾)的TikTok Shop(TikTok旗下电商平台)跨境电商业务,更是给如火如荼的东南亚电商添了一把火。不到一年时间,TikTok Shop就在东南亚市场拿下44亿美元的交易额。跨境电商的发展,又反哺了"一带一路"。还是以东南亚为例,随着当地电商市场的壮大,吸引了中国企业第二波"下南洋"。大批的专业MCN(多频道网络)机构、出海品牌、物流企业、工厂纷纷来到东南亚投资兴业,进一步强化了"中国-东盟命运共同体"。

3. 新的全球价值链格局正在形成

同时,如果将视野拉远,会发现在"一带一路"的牵引下,中国与共建"一带一路"国家正在形成新的国际分工协作格局。2013年之前,国际分工格局呈现出"三元结构",以欧美日韩为代表的发达国家和地区处于第一梯队,在高科技、专利、品牌、金融等壁垒的防护下,独占了全球价值链的高地,企业盈利丰厚,消费者购买力强大,主要扮演消费国的角色。中国、越南、墨西哥等国家,处于第二梯队,承担世界工厂的角色，负责组织生产，输出商品。而很多国家既没有高科技优势，也没有制造业基础，只能依靠出口资源发展经济。但随着中国自身产业的升级，还有与"一带一路"国家和地区的融合发展，这种传统的"三元结构"正在解构。中国正在带动越来越多的"一带一路"沿边资源国成为工业国，而中国自身也在朝着"制造国+消费国"的复合角色发展，向外不断开放自身市场。这种变化直接反映在中国最大贸易合作伙伴的变化上。2020年东盟首次超过欧盟，成为我国最大贸易合作伙伴。而背后的很大推力，正是东盟近年来正不断加大对我国中间产品的进口。

据海关统计，2022年，我国对共建国家出口中间产品4.44万亿元，增长23.9%，占同期我国对共建国家出口总值的56.3%。其中纺织品、电子元件、基本有机化学品和汽车零配件出口分别增长14.5%、21.1%、31.3%和24.6%。

同时，"一带一路"国家，尤其是东盟国家，由原先的出口原材料为主，开始变为原材料和组装工业制成品为主的结构。当然，随着产业升级，当地人民的消费能力也在提升，对进口商品的要求也从低价优先变为性价比优先。也就是说，原先金字塔形的上下分明的全球分工协作和消费格局，正在被拉平。所以跨境电商上卖家们感受到了欧美站点消费力的相对萎靡，看到了东南亚、拉美等地电商市场的高歌猛进，但是利润率依然较低。

4. 跨境电商是场接力跑

由"一带一路"掀起的这场全球价值链的解构和重构，将深刻地影响跨境电商新的十年。

（1）被改变的可能就是整个商品的供应链。

早先有很多朋友提到，中国跨境电商最大的优势，就是依托门类齐全、性价比高的中国供应链。我们看到，2021年的时候，首届中国跨境电商交易会的举办，可以说就是为了解决中国外贸工厂外销难的问题，带有"外展内办"的意味。随着越来越多的制造业组装环节，出于成本和便于出口西方消费国考虑，延伸到中国周边的"一带一路"国家，"买中国，卖全球"也会相应变为"买全球，卖全球"。中国人的"大航海时代"才刚刚开始，以后将内外无分别。2022年，中国跨境电商交易会在筹备阶段就首开行业先例，赴境外进行线下推介，并通过多次线上活动进行全球推广。2023年，作为主办方的荟源公司还计划，到菲律宾举办跨交会海外分场，推动两地企业更深度的合作。

（2）会有越来越多的中国企业变为真正的国际化企业。

十年前，中国B2C卖家们想要"出海"，唯有一个中国背景的平台可以选择，就是成立于2010年4月的全球速卖通。跟着亚马逊、eBay等欧美电商平台"借船出海"曾长期是卖家的少数选项。从2021年开始，越来越多带有中国印记的电商平台开始走上前台，为卖家们提供更多的出海选择。

无论是TikTok Shop正在全球掀起的"东风西渐"将直播电商和兴趣电商进行到

底，还是全球速卖通推出托管服务，与工厂、贸易商共同定价的"王马共天下"模式，或是推出人传人低价攻势的 Temu（拼多多跨境电商平台），抑或打造出柔性供应链、忙着试水平台模式的 SHEIN（希音），"中国出海四小龙"都让跨境电商行业里不再言必称亚马逊。

当然，更大的改变在于很多的中国创业者将会深入海外，贴近海外消费者，开始将跨境电商重做一遍，而不再只是通过一根网线出海。同时，很多服务商也会闻风而动。这将带来整个行业从单纯跨境到与贸易目的地相关上下游的融合重组。

未来，可能没有单纯的跨境电商。未来，也可能没有出海。因为新一代的中国企业可能出身便是全球企业。无论是跨境电商还是"一带一路"，都将成为新的全球价值链时代的一种基础设施。但正如丝绸之路是一个绿洲接力一个绿洲，将万里之遥的罗马和长安用贸易连接起来一样，未来的新十年也必然是一场接力赛，需要整个价值链上的人们一起接力，让供需对接变得更加高效。"跨境电商""一带一路"都是这个接力赛上的一部分。

（资料来源：https://swt.fujian.gov.cn/xxgk/jgzn/jgcs/dzswhxxhc/gzdt_598/202303/t20230328_6139074.htm. 有改动）

【案例思考】

"一带一路"倡议的提出给我国跨境电商的发展带来了哪些有利影响？

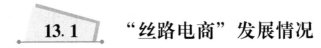

13.1 "丝路电商"发展情况

13.1.1 "丝路电商"简介

2016年底，中国商务部与智利外交部签署了首个双边电子商务合作的谅解备忘录，标志着"丝路电商"的诞生。在接下来的数年里，中国不断推进与"一带一路"相关国家电子商务领域的政策沟通，完成了百余场政企对话会、企业对接会等多双边活动，开发录制了上百节电子商务视频课程，逐步建立并完善了"一带一路"电商合作机制。

"丝路电商"是按照共建"一带一路"倡议，充分发挥中国电子商务技术应用、模式创新和市场规模等优势，积极推进电子商务国际合作的重要举措。"丝路电商"合作拓展了经贸合作新空间，探索构建数字经济国际规则体系，推动构建新发展格局，为古丝绸之路注入了新的时代内涵。①

截至2024年9月，与中国建立电子商务合作的国家包括：塔吉克斯坦、巴林、塞尔维亚、印度尼西亚、菲律宾、老挝、泰国、巴基斯坦、新加坡、白俄罗斯、塞内加尔、乌兹别克斯坦、瓦努阿图、萨摩亚、哥伦比亚、意大利、巴拿马、阿根廷、冰岛、卢旺达、阿联酋、科威特、俄罗斯、哈萨克斯坦、奥地利、匈牙利、爱沙尼亚、柬埔寨、澳大利亚、巴西、越南、新西兰和智利。②

目前为止，"丝路电商"的成员国已经遍及五大洲，包括意大利、哥伦比亚、乌兹别克斯坦等20多国，将世界通过电商平台串联起来，为新时代的数字经贸合作做出了示范。

2023年12月14日，《浦东新区推进"丝路电商"合作先行区建设行动方案》（浦府办〔2024〕9号）正式发布，从5个方面提出24项具体任务。根据方案，到2025年，浦东新区将基本建成"丝路电商"综合服务体系，高质量打造"丝路电商"合作先行区中心功能区，以此促进共建"一带一路"国家通过电子商务的形式进一步推动贸易合作。

13.1.2 "丝路电商"发展特点

"丝路电商"发展特点，主要体现在以下几个方面。

1. "丝路电商"规则对接稳步推进，开辟国际数字治理新路径

"丝路电商"合作重视规则、标准互联互通，我国先后举办百余场政企对话会、企业对接会等活动，与伙伴国探讨电子认证和签名、在线消费者权益保护、网络安全、跨境数据流动等议题，与各国分享电子商务发展经验。

2. "丝路电商"专题活动成效显著，有力推动各国产销对接

为促进品牌、品质消费，我国与各国联合打造"丝路电商"品牌活动，各地立足自身优势打造特色主题活动，"双品网购节""网上年货节""非洲好物网购节""买在金砖""数商兴农""聚合中亚云品""网罗东盟好物"等专题活动打造了百余个"丝路电商"国别爆款，促进"丝路电商"伙伴国特色产品对接中国市场，同时增进了中国消费者足不出户"买全球"的福祉。

3. "丝路电商"合作先行区创建，打造新载体，开启新空间

2023年，国务院批复了在上海市创建首个"丝路电商"合作先行区的方案。"丝路电商"合作先行区建设开辟了数字贸易新通道，打造了数字经济开放新载体，助力"一带一路"电子商务大市场的形成，也将为各国跨境电商带来巨大的发展机遇。

---

① 中华人民共和国国家发展和改革委员会. "十四五"规划《纲要》名词解释之218｜丝路电商[EB/OL]. (2021-12-24)[2024-09-17]. https://www.ndrc.gov.cn/fggz/fzzlgh/gjfzgh/202112/t20211224_1309485.html.
② 中华人民共和国商务部全国电子商务公共服务网. "丝绸电商"[EB/OL]. [2024-09-10] https://dzswgf.mofcom.gov.cn/slds.html.

13.1.3 "丝路电商"发展成效显著

海关总署2024年1月发布的数据显示，2023年中国跨境电商进出口额达2.38万亿元，增长15.6%。其中，出口1.83万亿元，增长19.6%；进口5 483亿元，增长3.9%。

中国跨境电商进出口额迅猛增长的背后，是共建"一带一路"国家的市场释放出的巨大潜力。2023年12月28日，全球支付平台PingPong（跨境贸易数字化服务商）发布的《2023跨境市场洞察报告》指出，共建"一带一路"国家已成为全球贸易的重要区域市场。

在"一带一路"倡议框架下提出的"丝路电商"，拓展了国际经贸合作新空间，为探索搭建数字经济国际规则体系，推动构建新发展格局，共建"一带一路"国家的数字经济发展增添动力。

伴随"丝路电商"的发展，共建"一带一路"国家持续推动政策沟通、规划对接、产业促进、地方合作、能力建设，丰富合作层次，深化合作内涵，创新合作模式，释放合作红利，"丝路电商"表现出了强大的韧性和强劲的活力。截至2024年9月，中国已与33个国家签署双边电子商务合作备忘录，"丝路电商"合作伙伴遍及全球五大洲。

截至2022年底，中国海外仓数量已超2 400个，总面积超2 500万平方米，业务范围辐射全球。多国企业在中国电子商务、数字服务、可再生能源、绿色金融等新领域获得商业机会，不断加大投资力度。2013年至2022年，中国与共建"一带一路"国家货物贸易额从1.04万亿美元扩大到2.07万亿美元，跨境电商货物进出口规模占外贸比重上升至约5%。经过多年发展，"丝路电商"国际合作不断走深走实，成为多双边经贸合作的新渠道、数字经济发展的新亮点、高质量共建"一带一路"的金名片。[①]

数据显示，2023年前三季度，中国跨境电商进出口1.7万亿元，同比增长14.4%。随着数字化水平和能力不断提升、电子商务市场持续繁荣，"丝路电商"国际合作舞台愈加广阔，成为了各方共享市场红利的全新机遇和路径。

得益于大数据、人工智能等数字技术的快速发展，"丝路电商"应用场景也更为丰富，截至2022年，中国可数字化交付的服务贸易规模达2.5万亿元。互联网医疗、在线教育、远程办公等服务业数字化，为电子商务新业态新模式加速发展按下了"快进键"。

与此同时，"丝路电商"也顺应着电子商务技术应用及模式创新快速发展的趋势，顺应着相关国家推动数字经济发展、分享中国规模市场红利的诉求。近年来，中国坚持

---

① 中央网络安全和信息化委员会办公室. 述评 | 让全球共享"丝路电商"发展硕果[EB/OL]. (2024-04-10)[2024-09-10]. https://www.cac.gov.cn/2024-04/10/c_1714422246341844.htm.

在"丝路电商"合作中加强规则和标准的互联互通,先后举办百余场政企对话会、企业对接会等活动,与伙伴国探讨电子认证和签名、在线消费者权益保护、网络安全、跨境数据流动等议题,与各国分享电子商务发展经验;并创建制度型开放新平台"丝路电商"合作先行区,对接高标准国际经贸规则,其中,上海"丝路电商"合作先行区24项任务已经启动。

随着中国扩大进口和相关国家电子商务迅速发展,在中国电商平台上,巴西的松子、蜂胶,印度的手工艺品、香料等特色产品已成为热销产品。各方在电商销售、物流、支付等方面的积极合作,也为中俄跨境物流带来了飞跃式发展,给印度带来了支付方式的变化。

多年来,"丝路电商"已逐渐成为国际数字经济合作的一项重要载体。通过建立良好的双边电子商务合作机制,"丝路电商"平台积极加强政策沟通和协调,有效推动优质特色产品贸易,为促进共建"一带一路"国家和地区的电子商务发展提供了重要推力。

13.2 "丝路电商"发展趋势和变化

13.2.1 "丝路电商"发展趋势概述

中国是全球跨境电商发展的一道亮丽风景。"丝路电商"是在共建"一带一路"倡议框架下,充分发挥中国电子商务技术应用、模式创新和市场规模等优势,积极构建数字合作格局的重要举措。多年来,"丝路电商"积极拓展和深化国际合作,丰富合作层次,深化合作内涵,创新合作模式,持续释放合作红利,表现出强大韧性和强劲活力。"丝路电商"发展趋势主要表现在以下五个方面。

1. 国际合作不断深化

"丝路电商"通过共建"一带一路"倡议,积极拓展和深化国际合作,丰富合作层次,深化合作内涵,创新合作模式,持续释放合作红利。截至2024年9月,中国已与33个国家签署双边电子商务合作备忘录,"丝路电商"合作伙伴遍及全球五大洲。

2. 数字基础设施建设

随着"丝路电商"的发展,共建"一带一路"国家和地区持续推动政策沟通、规划对接、产业促进、地方合作、能力建设,丰富合作层次,深化合作内涵,创新合作模式,释放合作红利。例如,截至2022年底,中国海外仓数量已超2 400个,总面积超2 500万平方米,业务范围辐射全球。

3. 人才培养与技术创新

"丝路电商"的合作不局限于贸易往来，还包括人才的培养和技术创新。通过举办数字丝路跨境电商研修班，来自27个共建"一带一路"国家的政府官员、科研机构及企业代表等积极报名参与，共同探讨电商发展的新趋势和新机遇。

4. 政策支持与发展动力

近年来，中国政府通过发布支持"丝路电商"发展的政策，如《关于促进服务消费高质量发展的意见》，明确提出要支持直播电商发展，这为"丝路电商"的发展提供了强大的政策支持和动力。

5. 文化交流与品牌推广

"丝路电商"不仅是商品和服务的交易平台，也是文化交流的桥梁。通过直播电商等形式，邀请共建"一带一路"国家的外交官、文化使者走进直播间，分享各国产品和文化，让消费者体验到丰富多彩的丝路文化。

综上所述，"丝路电商"通过深化国际合作、加强数字基础设施建设、人才培养与技术创新、政策支持，以及文化交流与品牌推广等多方面的努力，正在为全球数字经济的发展注入新动能，成为推动构建新发展格局的重要力量。

13.2.2 新兴国家市场成为新蓝海

跨境电商行业的新兴市场可提升空间逐渐增大。全球跨境电商出口目的地市场大多是美国、英国、德国、澳大利亚和巴西等，这些地区网购普及率较高，基础技术设施支持和政策支持较好。

巴西、俄罗斯等新兴市场逐步兴起，跨境网购需求高速增长。近年来，新兴市场地区的网购人数激增，为跨境电商提供了很大的需求空间。未来随着这些市场不断突破局限性，如互联网技术普及和基础设施完善，以及跨境支付、物流、海外仓等方面的逐步优化和完善，政策的不断放开，来自新兴市场的需求将不断增长。

实际上，虽然新兴市场竞争者少，但其投资回报周期还很长。

此外，进入新兴市场需要占领两个高地：

① 品牌出海红利。如果供应链过剩造成整个产能过剩，流量其实会聚集到少数精品上。实际上，全球品牌都在争相进入新兴市场，在新兴市场建立品牌一定会是巨大的机会。

② 社交流量红利。因为新兴市场有人口红利，大量30岁以下的年轻人会支持智能手机的广泛应用。在这个环境中，流量中心化会成为一个大趋势，而这时跨境电商企业钻研如何在社交网络上进行本地化营销既是机遇又是挑战。

中东、北非及南亚地区都是有机会的目标市场，从贸易准入方面来讲，这些地区的国家对产品标准一般不太苛刻。

除此之外，这些地区的国家目前没有很强大的制造能力，必须依靠进口。而且这些市场中大量的人群每天都接触互联网，对新的科技产品及日用品有巨大需求。所以，这是中国进入这些新兴市场的一个难得的机会。

13.2.3　无序竞争的灰色地带变成有监管的阳光地带

跨境电商是随着网络发展而兴起的一种营销模式，因为起初各国均没有对其做特别监管，所以跨境电商处于一种"野蛮生长"状态。在跨境电商平台上，消费者看到的并不一定是真实的，假冒伪劣产品随处可见。

这种"野蛮生长"的模式不仅损害了消费者利益，还影响了电商平台的口碑。如果一个平台上的卖家出售的都是假冒伪劣产品，而平台对此不进行任何管理，那么久而久之，平台卖家销售假冒伪劣产品成风，就会导致消费者将平台与假冒伪劣产品画上等号，从而考虑是否还要在该平台上购物，最终导致平台流量减少。

相关统计表明，跨境电商面临的主要问题是产品质量问题。我国海关在检查时发现很多产品存在超标情况，还有一些产品存在脱色、成份与标识不符等情况。

不论是食品还是生活用品，质量出现问题都会给消费者带来损失。为了避免卖家损害消费者及平台利益的行为，电商平台为入驻卖家设置了一系列监管条件。

卖家在入驻跨境电商平台的时候，平台会向卖家索要一系列证件，经过相对严格的审核之后才会批准卖家入驻。针对这一点，很多平台甚至对卖家身份进行了限制，比如不能以个体工商户身份注册成为卖家，一旦发现卖家出售产品存在假冒伪劣等情况，就会对卖家实施封号处理等处罚措施。

海关也不断调整和加强对进、出口消费品的监管。目前很多地方的海关都实现了网购保税进口、直购进口、一般出口以及特殊区域出口四种监管模式，为保障消费者利益做出了进一步努力。

13.2.4　深耕垂直领域的精细化经营是未来发展方向

有些跨境电商企业存在一个误区：流量代表一切。流量意味着客户数，线下零售一直强调有客户才会有生意。在互联网中，流量表现为用户数、独立访客数。但做生意远不止有人光顾这么简单。

很多时候，电商企业觉得流量不够，于是花钱买更多流量。但提高用户购买率需要电商企业重点关注页面展示的商业逻辑、图片及描述吸引人、商品丰富、服务到位、购物环节顺畅等，这些不是仅靠增加流量就可以解决的。比如，现在的购买转化率是1%，只要通过更精细的运营把转化率提高到2%，就相当于免费获得了一倍的流量。

同样的道理，电商企业也存在这样的漏洞：搜索——用户找不到商品；商品展示——图片和描述不能激起消费者的购买冲动，或者消费者对该商品的详情疑问没能得到充分解答；支付——付款和送货环节使消费者觉得不便或者不放心。电商企业往往过分强调登录的用户数，而忽视了购买转化过程中的消费者流失等问题。

随着互联网人口红利的消失，这种极低购买转化率的状况，必定要从运营的角度得到根本性改善，这意味着运营的精细化时代已经到来。

精细化运营管理包含六个核心内容，具体如下：

① 销售转化率。销售转化率表示商品的销售量与被曝光次数的比例。

② 曝光率。曝光率表示假设一个网页中放的都是同一种商品，一个位置的点击率在整个网页点击率中的占比。

③ 流失原因。一方面要了解我们所属的平台每一层级的自然流失是多少，类目页中每个位置的自然流失是多少。另一方面在掌握正常情况下的数据之后，我们就可以对异常情况进行处理，减少每一层级的流失。通过对上一个问题的分析，我们基本可以找到出现问题的商品，也可以进一步确定销售好的产品和销售不好的产品的属性差别，从而调整某些指标以带来更好的结果（如品牌、颜色、风格在时间属性上的销售情况等）。

④ 流量指标体系。流量指标体系包括量级指标、基本质量指标和来访用户类型占比指标。量级指标涉及不同平台，Web（网页）端主要看访问量、PV（页面浏览量）和 UV（独立访客量），App 主要看启动次数、DAU（日活跃用户数量）和 MAU（月活跃用户数量）。基本质量指标包括用户的平均访问时长、平均一次会话浏览页数（访问深度）和跳出率等。卖家通过这些指标可以判断用户活跃度。

⑤ 多维度流量分析。网站流量分析，主要从访问来源、落地页、广告投放等角度切入。访问来源包括直接访问、外链、搜索引擎和社交媒体等。落地页是用户到达网站的入口。如果用户被导入无效或不相关页面，一般会有较高的跳出率。广告投放一般涉及的分析内容包括广告来源、广告内容、广告形式（点击、弹窗、效果引导）和销售分成等，我们需要通过多维分析来优化广告投放。

⑥ 渠道优化配置。成本低、质量高的渠道需要加大投放力度，成本高、质量高的渠道需要评估成本，对于质量低的渠道也需要做好评估。总的来说，根据成本、流量转化等综合情况，需要对渠道配置进行整体优化。

13.3 "丝路电商"发展对策建议

在开拓新合作方面，要顺应"丝路电商"发展特点，依靠与伙伴国协同优势，聚焦电子商务国际合作机制、贸易监管、数字化转型和科技合作等重点领域，探索形成"丝路电商"发展新范式，打造合作共赢新生态，不断扩大"丝路电商""朋友圈"。

13.3.1 进一步完善电子商务国际合作机制

关于进一步完善电子商务国际合作机制的建议,主要包括以下几个方面。

1. 进一步丰富"丝路电商"国际合作形式和内容

推动"双品网购节""丝路云品""舌尖上的丝路"等各类主题促消费活动形式的多样化,扩大合作双方优质产品进出口。打造"丝路云品",将伙伴国的更多优质特色产品引入国内。支持"丝路电商"合作先行区建设集商品、旅游、文化展示等功能于一体的国家馆和商品中心,集聚一批国际竞争力高、带动性强的电商龙头企业,形成各具特色的区域载体。推动成立"丝路电商"国际智库联盟,就跨境电商规则、产业对接、知识产权保护等领域加强前瞻性研究。加快推进"丝路电商"合作研修中心建设,为伙伴国培育更多跨境电商和数字商务人才。

2. 打好"跨境电商+产业带"组合拳,建立"丝路电商"长效合作机制

从合作双方的经济社会需求和产业结构实际出发,以特色产业为抓手、以跨境电商为纽带,链接国内优势产业集群和伙伴国相关产业,推进产销对接、产业互促,形成规模集群优势,带动双方电商全产业链服务能力提升,形成互惠互利、合作共赢的电商长效合作机制,吸引更多共建"一带一路"国家和地区参与"丝路电商"合作。探索在阿里巴巴国际站、全球速卖通、亚马逊等知名跨境电商平台设立产业带跨境电商专区,集聚特色产业带优质商家和产品,帮助双方原产地优质货源直达国外消费者,助力优势特色产业转型升级。

3. 加快推进跨境服务贸易合作

在稳定跨境电商货物贸易基础上,探索建立数字服务贸易合作机制,推进共建"一带一路"国家和地区的数字服务贸易合作。稳步放宽服务业市场准入,有序推进跨境服务贸易开放进程。加快引进和培育一批跨境服务贸易企业和创新发展平台,为深入开展跨境服务贸易合作提供有力支撑。鼓励企业扩大与共建国家在软件信息、研发设计、数据处理等服务贸易领域的合作,创新技术服务贸易新业态。

13.3.2 大力推进跨境贸易监管和规则标准互认

关于大力推进跨境贸易监管和规则标准互认的建议,主要包括以下几个方面。

1. 建立新型海关监管互认模式

推动与共建"一带一路"国家和地区加强跨境贸易监管合作,强化国际关务协作,共同商讨破除各国在关、检、税、汇等方面的限制,研究探索与"一带一路"共建国家和地区开展货物"前置检测、结果互认"的海关监管新模式,提升国际贸易的便利化水平。推动伙伴国加快运用现代数字技术,在关、检、税、汇等跨境各环节实施智慧监管,优化监管体制机制,满足跨境电商企业对监管模式创新发展的诉求。

2. 对标高标准国际经贸规则

对标《全面与进步跨太平洋伙伴关系协定》（CPTPP）、《数字经济伙伴关系协定》（DEPA）等高标准国际经贸规则，在"丝路电商"合作先行区内率先开展数据存储本地化、数字产品非歧视性待遇、开放源代码等压力测试，测试我国对现有高标准贸易协定相关条款的适应性和承受度。分析这些贸易协定中与电商相关的具体规则在共建"一带一路"国家的适用性，推动与共建国家在跨境交付、个人隐私保护、跨境数据流动、消费者权益保护等领域的国际规则衔接，在电商领域探索建立适合共建"一带一路"国家需求特点的技术和规则。

3. 加快电商国际标准体系建设

加强与伙伴国业务交流合作，共同探索数据确权、交易、传输、安全保护等规范标准建设，推动电子单证国际标准应用，在条件具备的前提下探索开展数字领域开放压力测试，推动实现数字身份、数据标准跨境互认。推与共建"一带一路"国家的企业、相关协会机构等加强跨境电商行业合作，吸收双方行业企业电商实践经验，开展电子商务行业标准共建，助力我国电商行业相关标准在共建"一带一路"国家实施。

13.3.3 加快推进共建国家数字化转型

关于加快推进共建国家数字化转型的建议，主要包括以下几个方面。

1. 加快推进数字新基建合作

发挥我国在基础设施及相关领域建设的经验和技术优势，协同开发跨境海陆缆等信息资源，建设连接共建"一带一路"重要国家和港口的信息通道。支持我国华为、中兴等信息通信龙头企业主导跨境光纤宽带、光缆等传统设施和5G、卫星通信等现代通信设施的建设，提高互联网和宽带用户接入率，推动广播电视网、电信网和互联网深度融合发展，助力共建"一带一路"国家的信息基础设施互联互通。

2. 促进数字技术在丝路国家的推广应用

建设"丝路电商"数字技术应用中心，为跨境贸易通关、电子发票、风险监测等方面技术应用搭建底层框架和提供基础技术支撑。推动人工智能、区块链、5G等数字技术与产业深度融合，构建产业互联网平台，发挥平台赋能产业带培育、产品出海及市场推广，降低中小企业进入国际市场门槛，助力共建国家中小企业数字化转型。

3. 打造面向丝路国家的大数据合作中心

畅通"一带一路"信息网络通道，探索建立面向共建"一带一路"国家的大数据合作中心，逐步打通与共建国家间的数据壁垒，帮助相关国家政府和企业获得数字资源对接服务，推动数据和信息等资源实现跨区域流动，促进共建国家数字经济协同发展、共享"数字红利"。

13.3.4 加强电子商务战略规划对接交流和科技创新合作

关于加强电子商务战略规划对接交流和科技创新合作的建议，主要包括以下几个方面。

1. 细化、优化现有政策设计

在融合各参与方利益的基础上推进与共建国家的沟通交流和战略规划对接，制定"丝路电商"国际合作规划，与相关国家在"丝路电商"国际合作目标、方向、实施路径等方面达成一致，构建数字合作新格局，共同应对某些国家对"丝路电商"国际合作的干扰和破坏。

2. 持续办好全球数字贸易博览会

全球数字贸易博览会可以为世界各国提供展示交流合作平台，推动各参会方就"丝路电商"国际合作机制如何落地见效、数字经济知识产权国际治理、数字贸易的法治体系建设等前沿热点话题展开深入交流，努力在电商合作、数字贸易等领域凝聚更多国际共识。推动与更多共建国家建立电子商务对话与争端解决机制，营造公平、合理、透明的电商发展环境，打消某些西方国家对"丝路电商"国际合作的担忧和疑虑。

3. 组建产业技术联盟和新型研发机构

与共建国家共同组建产业技术联盟和新型研发机构，加强联合研究和关键核心技术攻关，争取在关系国家安全和重大需求的关键核心技术、数字前沿科技领域取得重大突破，为电子商务业态模式创新提供基础的技术支撑，打破某些发达经济体的技术垄断和战略遏制。

未来，丝路电商将持续促进"一带一路"建设走深走实，推动"一带一路"相关国家电子商务领域的相关建设。同时，"丝路电商"也将带动"一带一路"商业模式创新，为世界经济发展增添新动能，使"一带一路"成为"数字丝绸之路""创新丝绸之路"，让世界人民享受数字经济带来的福利。

本章小结

本章首先介绍了"丝路电商"发展情况、发展特点和取得的成就。接着深入探讨了"丝路电商"的总体发展趋势，新兴国家市场成为新蓝海，近年来新兴市场地区的网购人数激增，为跨境电商提供了很大的需求空间。未来随着这些市场不断突破局限，如互联网技术普及和基础设施完善，以及跨境支付、物流、海外仓等方面的逐步优化和完善，政策的不断放开，来自新兴市场的需求将不断增长。接下来分析了无序竞争的灰色地带变成有监管的阳光地带，海关等部门不断调整和加强对进、出口消费品的监管。目前很多地方的海关实现了网购保税进口、直购进口、一般出口以及特殊区域出口四种监管模式，为保障消费者利益做出了进一步努力。另外，还提出深耕垂直领域的精细化经营是未来发展方向。最后，提出"丝路电商"发展对策建议。

"丝路电商"是按照共建"一带一路"倡议，充分发挥我国电子商务技术应用、模式创新和市场规模等优势，积极推进电子商务国际合作的重要举措。通过本章的学习，读者能够更好地掌握"丝路电商"最新发展情况，能够理解"丝路电商"对中国跨境电商的发展影响，获得"丝路电商"发展的一些建议。

跨境电商训练营

一、核心概念

"丝路电商"　新兴国家市场　合作机制　数字经济　互利共赢

二、同步练习

1. 跨境电商如何占领新兴国家市场？
2. 精细化管理运营的六个核心内容是什么？
3. "丝路电商"发展具有哪些特点？

三、课外拓展

高质量共建"一带一路"走深走实

2023年，第三届"一带一路"国际合作高峰论坛成功举行，150多个国家、40多个国际组织共同开启"一带一路"新的金色十年。

1. "硬联通"扎实推进

2023年10月2日，采用中国技术、中国标准的雅万高铁正式启用。这是印尼和东南亚第一条高速铁路，不仅缩短了城市间的时空距离，还带动了当地产业结构优化升级，为沿线经济发展赋能。

"一带一路"经贸合作取得了新进展新成效。一是规模稳步扩大。2023年我国与共建国家的货物贸易额达19.5万亿元，增长2.8%，占外贸总额的比重提升1.2个百分点，达到46.6%。二是质量不断提升。在共建国家节能环保类承包工程完成营业额增长28.3%。三是合作更加紧密。新签绿色、数字、蓝色经济等领域的投资合作备忘录23份。截至目前，累计与22个共建国家建立贸易畅通工作组，与55个共建国家建立投资合作工作组，"丝路电商"伙伴国已增加到 30 个。

"钢铁驼队"驰骋不息。2023 年，中欧班列开行 1.7 万列、发送 190 万标箱，同比分别增长 6% 和 18%。"连点成线""织线成网"，中欧班列已成为贯通亚欧大陆的国际运输大动脉，通达欧洲 25 个国家的 200 多个城市，运输服务网络覆盖欧洲全境，为维护全球产业链供应链稳定提供了保障。

2. "软联通"亮点纷呈

规则标准等"软联通"是共建"一带一路"的重要支撑。过去一年，规则、规制、管理、标准等领域合作稳步扩大，"软联通"亮点纷呈。随着信息、资金、技术、人才等要素流动更加畅通，共建国家经贸合作质效不断提升。

截至目前，国际道路运输联盟已成功在中国落地实施国际公路运输系统，中欧国际公路"门到门运输"实现双向开行，中欧"第四物流通道"逐步建立。国际道路运输联盟秘书长翁贝托·德·布雷托认为，共建"一带一路"助力共建国家改善急需的通信和运输等基础设施，"中国是多边主义的有力倡导者和践行者"。

共建"一带一路"金融合作机制日益健全。中国已与 20 个共建国家签署双边本币互换协议，在 17 个共建国家建立人民币清算安排。人民币跨境支付系统的参与者数量、业务量、影响力逐步提升，"一带一路"多元化投融资体系不断健全，有效促进贸易投资便利化。

"软联通"是促进互联互通的重要桥梁和纽带。下一步，要主动对照国际高标准经贸规则，深入推进跨境服务贸易和投资高水平开放，扩大数字产品等市场准入，深化国有企业、数字经济、知识产权、政府采购等领域改革。

3. "心联通"持续深入

共同发展的故事里，最动人的就是民心相通。我国与共建国家广泛开展多层次、多领域交流合作，一批"小而美"的民生工程，铺就通民心、达民意、惠民生的发展大道。

在柬埔寨，中国帮助 16 个省修建 1 800 余口深水井、近 130 座社区池塘，有效解决当地农村居民饮用水源短缺及用水卫生问题；在太平洋岛国萨摩亚，中国农业技术援助项目援建综合性示范农场等农业推广体系，累计培训上万人次；在赞比亚，太阳能磨坊厂为民众供应充足的玉米面粉，提升当地农产品附加值。一个个"小而美""实且惠"的项目稳步实施，帮助共建国家民众增加收入、改善生活，不断推动共建"一带一路"惠及各国人民。

在共建"一带一路"的过程中，菌草技术成为中国为国际社会提供的重要公共产品之一，传播到 100 多个国家，培训超万名国际学员，成为数十万人民的"致富草""幸福草"。中国人民大学国际关系学院教授王义桅表示，中国的菌草技术通过以草代木，栽培食用菌，解决了食用菌生产必须靠砍伐树木的世界难题。

在塔吉克斯坦首都杜尚别，中亚首家鲁班工坊已正式投入运营。2023 年，中方为

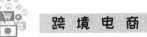

跨境电商

学生电脑配备4款虚拟仿真学习软件，应用3D技术让学生更好地结合理论和实操。塔方期待，鲁班工坊向社会输送更多专业技术人才，推动塔吉克斯坦工业化建设进程，为中国和中亚国家务实合作提供新的示范。

（资料来源：https://www.yidaiyilu.gov.cn/p/06PH0TJQ.html. 有改动）

问题：

1. "一带一路"建设中的"硬联通"主要表现在哪些方面？
2. 如何理解"一带一路"建设中"国之交在于民相亲，民相亲在于心相通"？

参考文献

[1] 农家庆. 跨境电商：平台规则+采购物流+通关合规全案[M]. 北京：清华大学出版社，2020.

[2] 陈岩，李飞. 跨境电子商务[M]. 2版. 北京：清华大学出版社，2023.

[3] 彭静. 跨境电子商务物流[M]. 北京：清华大学出版社，2023.

[4] 肖旭. 跨境电商实务[M]. 3版. 北京：中国人民大学出版社，2020.

[5] 赵慧娥，岳文. 跨境电子商务[M]. 北京：中国人民大学出版社，2020.

[6] 陈海涛，蔡勇. 跨境电商多平台运营：规则、实操及案例[M]. 北京：中国人民大学出版社，2020.